STARK in KLAUSUREN

W0060348

Eigenschaften von Funktionen

Sybille Reimann

Oberstufe

© 2015 by Stark Verlagsgesellschaft mbH & Co. KG
www.stark-verlag.de

Inhaltsverzeichnis

Vorwort

So arbeiten Sie mit diesem Buch

Fortsetzung nächste Seite

Auf einen Blick!

Inhaltsverzeichnis

Autorin: Sybille Reimann

Vorwort

Liebe Schülerin, lieber Schüler,

das Arbeiten mit Funktionen gehört zum mathematischen Teilgebiet **Analysis** und nimmt im **Abitur** einen großen Raum ein. Funktionen sind so wichtig, weil sich viele Abläufe des täglichen Lebens mit ihnen modellieren lassen. Egal ob Telefonkosten oder Zugfahrpläne, Börsendaten oder Flugbahnen, der Zerfall von radioaktiven Stoffen oder das Wachstum von Bakterienkulturen, all dies und vieles mehr lässt sich mithilfe von Funktionen simulieren – vorausgesetzt, man hat die richtige Funktion gewählt. Durch Betrachtung des zugehörigen Graphen und dessen Eigenschaften werden diese Vorgänge dann „übersichtlich" und vorhersehbar.

Dieses Buch hilft Ihnen, Ihr Wissen und Ihre Fertigkeiten im Umgang mit Funktionen zu **vertiefen** und zu **testen**.

- Anschauliche **Schritt-für-Schritt-Erklärungen** und konkrete **Rechenbeispiele** vermitteln die Lerninhalte so, dass Sie sie verstehen und anwenden können.

- Zahlreiche **Aufgaben** helfen Ihnen dabei, den neu gelernten Stoff zu festigen.

- **Klausuren** zur Selbstüberprüfung geben Ihnen einen Überblick über Ihren aktuellen Leistungsstand und die Möglichkeit zur Kontrolle Ihres Lernerfolgs.

- Ausführliche **Lösungsvorschläge** sorgen dafür, dass Sie Ihre Lösungsansätze und Rechenwege selbstständig überprüfen und verbessern können.

So können Sie **stark in** Ihre nächsten **Klausuren** gehen!

Viel Spaß bei der Vorbereitung und viel Erfolg in der Klausur wünscht Ihnen

Sybille Reimann

Sybille Reimann

- Der erste Abschnitt zeigt Ihnen – unabhängig vom Funktionstyp –, was alles mit einer Funktion in Zusammenhang steht und in Aufgaben abgefragt werden kann. Sie können diesen Abschnitt als eine Art „Spickzettel" für alle Funktionstypen verwenden.

- In den folgenden Abschnitten wird je ein Funktionstyp behandelt. Wichtige Eigenschaften jeder Funktion werden in einem **Wissenskasten** festgehalten und durch eine Auflistung der **Besonderheiten** ergänzt. Anschauliche **Beispiele** mit Erklärungen und ausführlichen Rechnungen helfen Ihnen, sich mit dem Stoff vertraut zu machen.

- Um Ihr Wissen zu sichern, stehen Ihnen in jedem Abschnitt zahlreiche funktionstypische **Aufgaben** zur Verfügung.

  TIPP An einigen Stellen helfen Ihnen **Tipps** bei der Lösung.

  17 **Anspruchsvollere** Aufgaben sind mit einem Stern gekennzeichnet.

- Ab Seite 81 finden Sie zu allen Aufgaben ausführliche **Lösungen**, mit denen Sie Ihre Rechnungen und Ergebnisse überprüfen können. Versuchen Sie aber stets, die Aufgaben zuerst eigenständig zu bearbeiten, und kontrollieren Sie erst dann Ihre Ergebnisse. Nur so können Sie Ihren Lernerfolg richtig einschätzen.

  5 FS In den Lösungen finden Sie zusätzlich Verweise auf eine kleine **Formelsammlung** auf den Seiten 153 und 154. Die rote Zahl gibt die Nummer der entsprechenden Formel an. Diese Formelsammlung dürfen Sie beim Lösen der Aufgaben uneingeschränkt verwenden.

- Sobald Sie einen Funktionstyp durchgearbeitet haben, wagen Sie sich an die zugehörige **Klausur**. Derartige Aufgaben können Ihnen auch in einem „echten" Test begegnen. Versuchen Sie daher, jede Klausur in der vorgegebenen Zeit und ohne weitere Hilfsmittel zu bewältigen. Kontrollieren Sie Ihre Lernergebnisse anhand der Lösungen und bewerten Sie sich mit den entsprechenden Einheiten.

  b (8) An der grünen Zahl unter der Teilaufgabenkennzeichnung können Sie ablesen, wie viele **Bewertungseinheiten** Sie in dieser **Teilaufgabe** erreichen können.

  Die Anzahl der Bewertungseinheiten ist abhängig von der Anzahl der Gedanken, die Sie sich bei der Lösung einer Aufgabe machen müssen. Die von Ihnen erzielte **Gesamtzahl** der Bewertungseinheiten können Sie dann anhand der jeweiligen Tabelle in **Notenpunkte** übertragen.

- Der Abschnitt „Funktionenmix" bietet Ihnen Aufgaben, in denen die verschiedenen Funktionstypen bunt vermischt auftreten.

Funktion – und dann?

1 Funktionsterm?

- Nullstellen
- Symmetrie
- Verhalten im Unendlichen
- Verhalten an Definitionslücken
- Monotonie
- Extremwerte
- Krümmung
- Stammfunktion
- Integral

2 Funktionsgraph?

- Verschieben
- Spiegeln
- Dehnen
- Stauchen

3 Zusammenhang?

- Funktion
- Ableitungsfunktion
- Stammfunktion

4 Integralfunktion?

- $I(x) = \int_{a}^{x} f(t)\, dt$
- $I'(x) = f(x)$ und $I''(x) = f'(x)$

5 Umkehrfunktion?

- strenge Monotonie
- Spiegelung an Winkelhalbierender (I. und III. Quadrant)

FUNKTION?

1 Was lässt sich bei einer Funktion berechnen?

Eine Funktion ist wie eine kleine Rechenmaschine, die bei Eingabe eines Zahlenwerts x die Rechenoperation f ausführt und die so berechnete Zahl f(x) ausgibt.

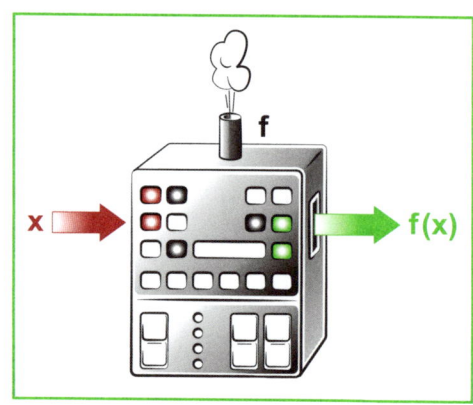

Man schreibt: $f: x \rightarrow f(x)$

Die **Funktionsvorschrift f** muss so gewählt sein, dass jedem x genau ein **Funktionswert f(x)** zugeordnet wird. Ein Funktionswert kann jedoch mehreren x zugeordnet sein.

Die Menge aller x-Werte, die in den Funktionsterm f eingesetzt werden können, nennt man die **Definitionsmenge $\mathbb{D}_f$**. Die Menge aller sich daraus ergebenden Funktionswerte heißt **Wertemenge $\mathbb{W}_f$**.

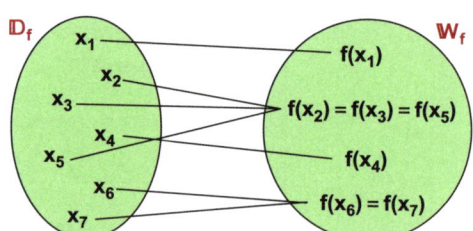

Jede Funktion lässt sich veranschaulichen. Dazu werden in einem zweidimensionalen Koordinatensystem Punkte mit den Koordinaten $(x \,|\, f(x))$ eingetragen. Der Funktionswert f(x) wird also in y-Richtung abgetragen und es gilt $f(x) = y$.

Besteht die Definitionsmenge nur aus einzelnen x-Werten, so ergeben sich in der grafischen Darstellung nur einzelne Punkte.

$\mathbb{D} = \{-3; -2; -1; 0; 1; 2; 3; 4\}$

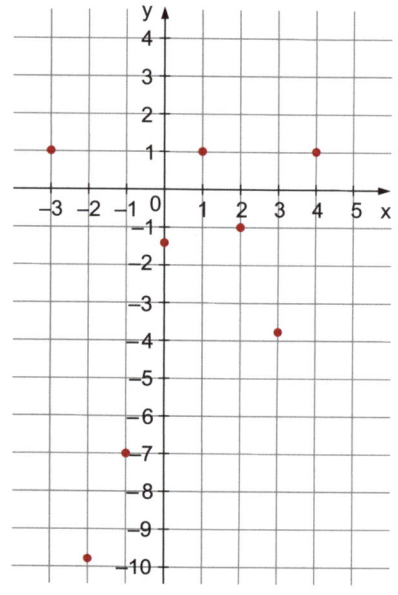

Ist die Definitionsmenge ein Intervall – die berechneten Funktionswerte sind also nur eine beliebige Auswahl –, so können diese Punkte zum Funktionsgraphen verbunden werden.

$\mathbb{D} = [-3; 4]$

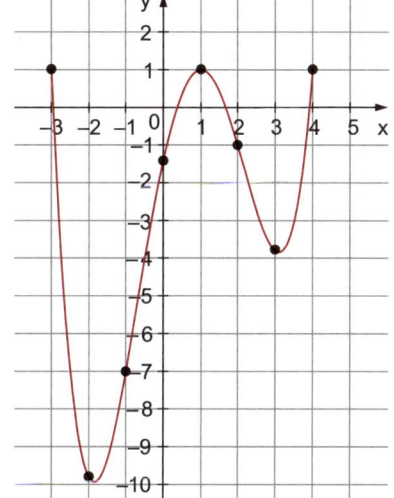

Um den Verlauf eines solchen Funktionsgraphen – ohne die Berechnung von unzähligen Funktionswerten – darstellen zu können, bestimmt man die Besonderheiten der Funktion:

1. Nullstellen

x-Werte, an denen der Graph die x-Achse $(y=0)$ schneidet, heißen Nullstellen. Man berechnet sie, indem man den Funktionsterm null setzt **$(f(x)=0)$** und diese Gleichung nach x auflöst. Ist ein x-Wert eine mehrfache Lösung dieser Gleichung, so handelt es sich um eine mehrfache Nullstelle.

An einer einfachen, dreifachen, fünffachen … Nullstelle wechseln die Funktionswerte das Vorzeichen. An einer doppelten, vierfachen … Nullstelle behalten die Funktionswerte ihr Vorzeichen bei.

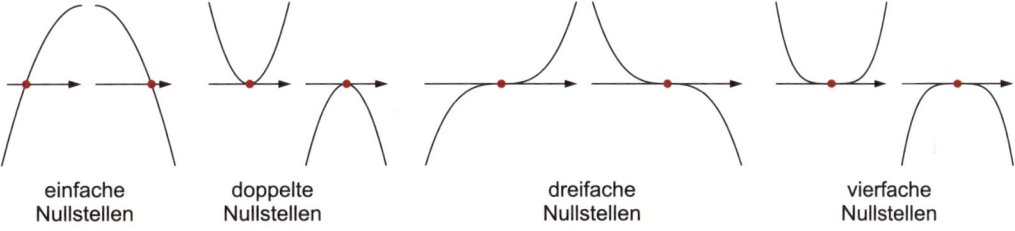

einfache Nullstellen doppelte Nullstellen dreifache Nullstellen vierfache Nullstellen

2. Symmetrie

Ob der Funktionsgraph achsensymmetrisch zur y-Achse oder punktsymmetrisch zum Ursprung verläuft, erkennt man, wenn man f(−x) bildet und diesen Term mit f(x) vergleicht.

$f(-x) = f(x)$ ⇔ **Achsensymmetrie zur y-Achse**
$f(-x) = -f(x)$ ⇔ **Punktsymmetrie zum Ursprung**

Vertiefe dein Wissen!

3. Verhalten im Unendlichen

Wohin die Funktionswerte – und damit der Graph – für ganz große bzw. ganz kleine x-Werte streben, ergibt sich aus den Limeswerten:

$$\lim_{x \to +\infty} f(x) \quad \text{bzw.} \quad \lim_{x \to -\infty} f(x) \qquad \text{(Verhalten der Funktion für } x \to \pm\infty)$$

Ergibt sich für einen Limeswert eine endliche Konstante a, so ist die Gerade y = a eine **waagrechte Asymptote**.

4. Verhalten an Definitionslücken und Intervallgrenzen

Besitzt eine Funktion Definitionslücken oder ist ihr Definitionsbereich auf ein Intervall beschränkt, so wird untersucht, wie sich die Funktionswerte verhalten, wenn die x-Werte sich der Definitionslücke bzw. der Intervallgrenze nähern:

$$\lim_{x \to x_0} f(x) \qquad \text{(Verhalten der Funktion für } x \to x_0)$$

Ergibt sich für diesen Grenzwert ein unendlicher Wert, so ist die Gerade $x = x_0$ eine **senkrechte Asymptote**.

5. Monotonie

Die 1. Ableitung f'(x) der Funktion f(x) gibt für jedes x an, welchen Wert die Steigung der Tangente an den Funktionsgraphen im Punkt (x|f(x)) besitzt. Das Vorzeichen von f'(x) gibt Auskunft über das Monotonieverhalten der Funktion:

f'(x) > 0 für $x \in I$ $\Leftrightarrow$ Graph von f(x) **steigt** in I streng monoton
f'(x) < 0 für $x \in I$ $\Leftrightarrow$ Graph von f(x) **fällt** in I streng monoton

6. Extremwerte

Die Funktion nimmt an der Stelle x_0 einen Extremwert an, wenn für x_0 eine waagrechte Tangente **f'(x_0) = 0** vorhanden ist und sich das Monotonieverhalten ändert. Beim Wechsel von steigend nach fallend ergibt sich ein lokales **Maximum (Hochpunkt)**, beim Wechsel von fallend nach steigend ein lokales **Minimum (Tiefpunkt)**. Eine Stelle, an der sich zwar eine waagrechte Tangente befindet, das Monotonieverhalten sich jedoch nicht ändert, nennt man **Terrassenpunkt.**

7. Krümmung

Das Vorzeichen der 2. Ableitung f''(x) bestimmt das Krümmungsverhalten der Funktion.

f''(x) > 0 für $x \in I$ $\Leftrightarrow$ Graph von f(x) ist in I **linksgekrümmt**   links ↗
f''(x) < 0 für $x \in I$ $\Leftrightarrow$ Graph von f(x) ist in I **rechtsgekrümmt**   rechts ↘

Punkte, in denen die Krümmung null ist (**f''(x) = 0**) und sich ändert, nennt man **Wendepunkte**.

8. Stammfunktion und Integral

Eine Funktion F(x), für die **F'(x) = f(x)** gilt, heißt **Stammfunktion** von f(x). Da die Ableitung einer Konstanten stets 0 ergibt, lässt sich eine Stammfunktion nur bis auf eine additive Konstante C bestimmen.

Flächen, die von einer Funktion und der x-Achse im Intervall [a; b] eingeschlossen werden, lassen sich als **bestimmtes Integral** schreiben und mithilfe der Stammfunktion F(x) berechnen.

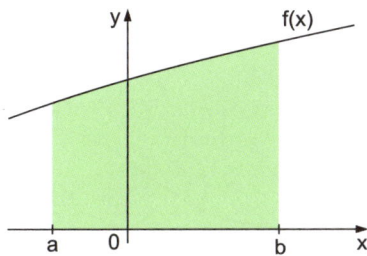

$$A = \int_{a}^{b} f(x)\,dx = F(b) - F(a)$$

Da das bestimmte Integral Flächen unterhalb der x-Achse mit negativem Vorzeichen angibt, müssen **Absolutbetragsstriche** gesetzt bzw. **Unterteilungen** vorgenommen werden.

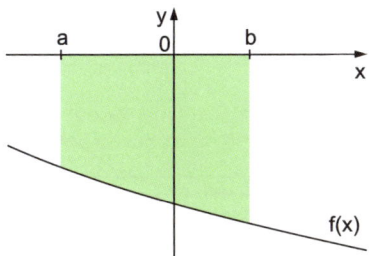

$$A = \left| \int_{a}^{b} f(x)\,dx \right| = |F(b) - F(a)|$$

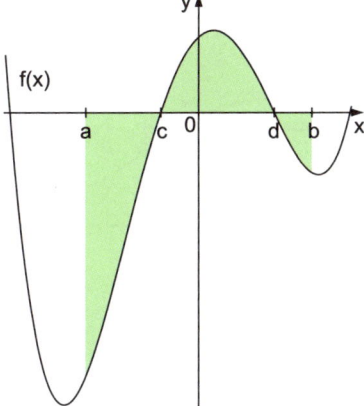

$$A = \left| \int_{a}^{c} f(x)\,dx \right| + \int_{c}^{d} f(x)\,dx + \left| \int_{d}^{b} f(x)\,dx \right|$$

Vertiefe dein Wissen! ⟶

2 Wie kann ein Funktionsgraph verschoben, gespiegelt, gedehnt, gestaucht werden?

Der Graph der Funktion f(x) ist vorgegeben durch nebenstehende Abbildung.

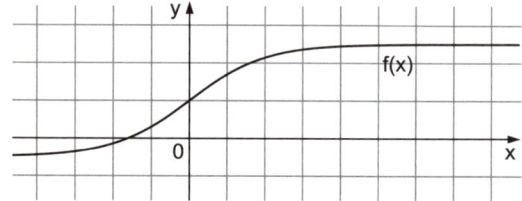

1. Verschiebung

Eine additive Konstante sorgt für Verschiebung. Der Graph der Funktion $g(x) = f(x) + c$ entsteht aus dem Graphen von f(x) durch Verschiebung **um c in y-Richtung**. Für $c > 0$ verschiebt sich der Graph nach oben, für $c < 0$ verschiebt sich der Graph nach unten.

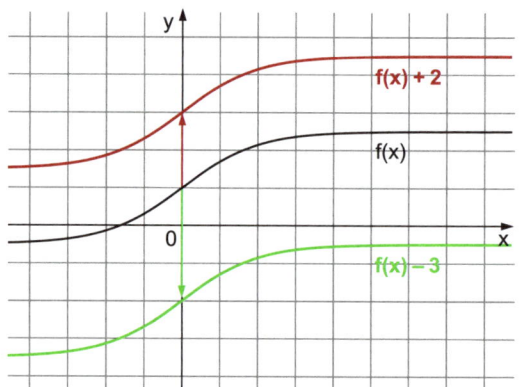

Der Graph der Funktion $h(x) = f(x + b)$ entsteht aus dem Graphen von f(x) durch Verschiebung **um –b in x-Richtung**. Für $b > 0$ verschiebt sich der Graph nach links, für $b < 0$ verschiebt sich der Graph nach rechts.

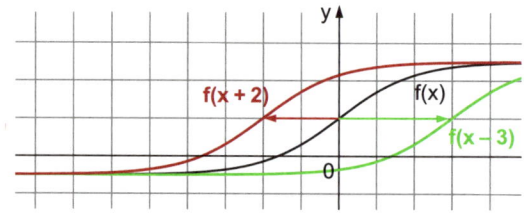

2. Spiegelung

Ein Minuszeichen sorgt für Spiegelung. Der Graph der Funktion $i(x) = -f(x)$ entsteht aus dem Graphen von f(x) durch Spiegelung an der **x-Achse**.

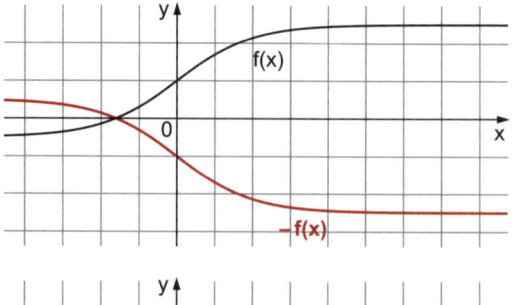

Der Graph der Funktion $j(x) = f(-x)$ entsteht aus dem Graphen von f(x) durch Spiegelung an der **y-Achse**.

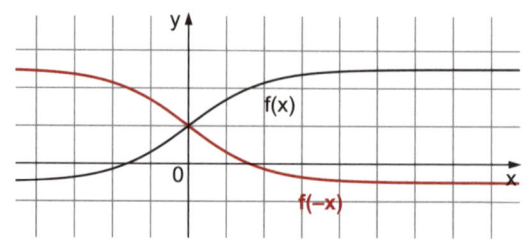

Vertiefe dein Wissen!

3. Dehnung/Stauchung

Eine multiplikative Konstante sorgt für Dehnung bzw. Stauchung. Der Graph der Funktion $m(x) = a \cdot f(x)$ entsteht aus dem Graphen von $f(x)$ durch Dehnung (falls $a>1$) oder Stauchung (falls $0<a<1$) **mit dem Faktor a in y-Richtung**.

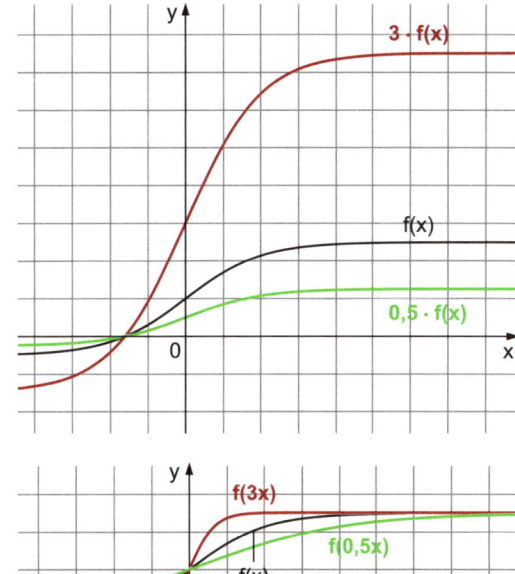

Der Graph der Funktion $n(x) = f(a \cdot x)$ entsteht aus dem Graphen von $f(x)$ durch Dehnung (falls $0<a<1$) oder Stauchung (falls $a>1$) **mit dem Faktor $\frac{1}{a}$ in x-Richtung**.

BEISPIEL

Selbstverständlich können auch mehrere Konstanten auftreten. So ergibt sich z. B. der Graph der Funktion $k(x) = -4 \cdot f(x+2) + 5$ aus dem Graphen der Funktion $f(x)$ durch:

(I)   Spiegelung an der x-Achse

(II) Dehnung um 4 in y-Richtung

(III) Verschiebung um −2 in x-Richtung

(IV) Verschiebung um +5 in y-Richtung

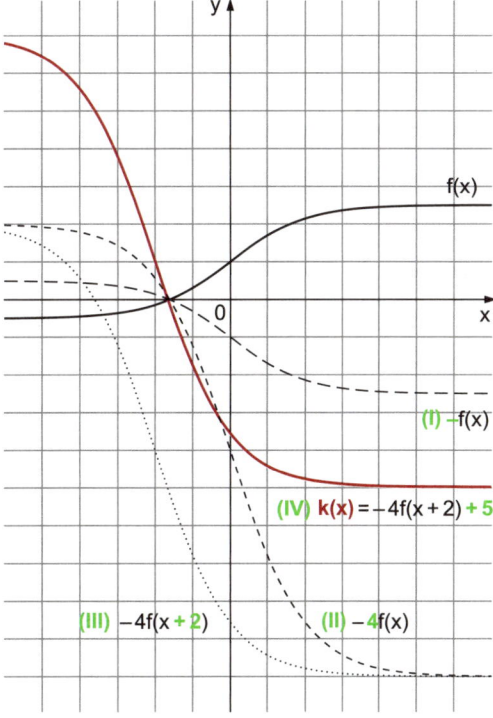

3 Wie hängen die Graphen von Funktion, Ableitungsfunktion und Stammfunktion zusammen?

1. Ableitung

- Extrempunkte und Terrassenpunkte der Funktion f(x) besitzen eine waagrechte Tangente, daher hat f'(x) für ihre x-Werte eine Nullstelle (f'(x)=0).
- Steigt der Graph von f(x) im Intervall]a; b[, so gilt dort f'(x)>0, der Graph von f'(x) verläuft also in]a; b[oberhalb der x-Achse.
- Fällt der Graph von f(x) im Intervall]c; d[, so gilt dort f'(x)<0, der Graph von f'(x) verläuft also in]c; d[unterhalb der x-Achse.

2. Ableitung

- An Terrassenpunkten und Wendepunkten der Funktion f(x) wechselt das Krümmungsverhalten, daher hat f''(x) für ihre x-Werte eine Nullstelle (f''(x)=0) und der Graph der 1. Ableitungsfunktion f'(x) besitzt dort waagrechte Tangenten.
- Ist der Graph von f(x) in]a; b[rechtsgekrümmt, so gilt dort f''(x)<0, der Graph von f''(x) verläuft also in]a; b[unterhalb der x-Achse.
- Ist der Graph von f(x) in]c; d[linksgekrümmt, so gilt dort f''(x)>0, der Graph von f''(x) verläuft also in]c; d[oberhalb der x-Achse.

Gemäß des Hauptsatzes der Differenzial- und Integralrechnung gilt für die Stammfunktion F(x) der Funktion f(x):

$$F'(x)=f(x) \implies F''(x)=f'(x)$$

F'(x)=f(x)

- Der Graph der Stammfunktion F(x) hat dort waagrechte Tangenten, wo sich die Nullstellen von f(x) befinden.
- Der Graph der Stammfunktion F(x) steigt im Intervall]a; b[, wenn in]a; b[f(x)>0 gilt, der Graph von f(x) also oberhalb der x-Achse verläuft.
- Der Graph der Stammfunktion F(x) fällt im Intervall]c; d[, wenn in]c; d[f(x)<0 gilt, der Graph von f(x) also unterhalb der x-Achse verläuft.

F''(x)=f'(x)

- Der Graph der Stammfunktion F(x) wechselt dort die Krümmung, wo sich die Nullstellen mit Vorzeichenwechsel von f'(x) und somit waagrechte Tangenten von f(x) befinden.
- Der Graph der Stammfunktion F(x) ist im Intervall]a; b[rechtsgekrümmt, wenn in]a; b[f'(x)<0 gilt, der Graph von f(x) also fällt.
- Der Graph der Stammfunktion F(x) ist im Intervall]c; d[linksgekrümmt, wenn in]c; d[f'(x)>0 gilt, der Graph von f(x) also steigt.

Achtung! Die Stammfunktion ist nur bis auf eine additive Konstante C bestimmt. Jeder beliebige Graph, der durch Verschiebung in y-Richtung aus dem Graphen der Funktion F(x) hervorgeht, ist ebenfalls Graph einer Stammfunktion von f(x).

4 Was lässt sich über eine Integralfunktion aussagen?

Da jede Integralfunktion $I(x) = \int_a^x f(t)\,dt$ auch Stammfunktion ist, lassen sich die

Ergebnisse aus dem vorherigen Kapitel hier entsprechend übertragen. Gemäß des Hauptsatzes der Differential- und Integralrechnung gilt:

$$I'(x) = f(x) \;\Rightarrow\; I''(x) = f'(x)$$

$I'(x) = f(x)$

- Der Graph der Integralfunktion I(x) hat dort waagrechte Tangenten, wo sich die Nullstellen von f(x) befinden.
- Der Graph der Integralfunktion I(x) steigt im Intervall]a; b[, wenn in]a; b[f(x)>0 gilt, der Graph von f(x) also oberhalb der x-Achse verläuft.
- Der Graph der Integralfunktion I(x) fällt im Intervall]c; d[, wenn in]c; d[f(x)<0 gilt, der Graph von f(x) also unterhalb der x-Achse verläuft.

$I''(x) = f'(x)$

- Der Graph der Integralfunktion I(x) wechselt dort die Krümmung, wo sich die Nullstellen mit Vorzeichenwechsel von f'(x) und somit waagrechte Tangenten von f(x) befinden.
- Der Graph der Integralfunktion I(x) ist im Intervall]a; b[rechtsgekrümmt, wenn in]a; b[f'(x)<0 gilt, der Graph von f(x) also fällt.
- Der Graph der Integralfunktion I(x) ist im Intervall]c; d[linksgekrümmt, wenn in]c; d[f'(x)>0 gilt, der Graph von f(x) also steigt.

Ferner gilt:

Integralfunktion I(x)

- $I(x) = F(x) - F(a)$ (F(x) beliebige Stammfunktion von f(x))
- $I(a) = 0$, da $\int_a^a f(t)\,dt = 0$ (Obergrenze = Untergrenze)
- I(b)=0 (weitere Nullstelle), wenn die Flächenbilanz im Intervall [a; b] den Wert null hat (Fläche oberhalb der x-Achse = Fläche unterhalb der x-Achse).
- I(b)>0 (bzw. I(b)<0), wenn im Intervall [a; b] mit b>a die eingeschlossene Fläche oberhalb der x-Achse größer (bzw. kleiner) ist als die Fläche unterhalb der x-Achse.
- I(b)<0 (bzw. I(b)>0), wenn im Intervall [b; a] mit b<a (negative Integrationsrichtung) die eingeschlossene Fläche oberhalb der x-Achse größer (bzw. kleiner) ist als die Fläche unterhalb der x-Achse.

Vertiefe dein Wissen!

5 Wie ergibt sich eine Umkehrfunktion?

Ist eine Funktion f(x) in ihrem Definitionsbereich (oder zumindest in dem
Teilintervall I) **streng monoton**, so ist
die Funktion f(x) mit $D_f = I$ **umkehrbar**.
Die Umkehrfunktion **$f^{-1}(x)$** ergibt sich
durch Vertauschen der x- und y-Werte.
Gehört der Punkt (x|y) zum Graphen
der Funktion, so gehört der Punkt (y|x)
zum Graphen der Umkehrfunktion.

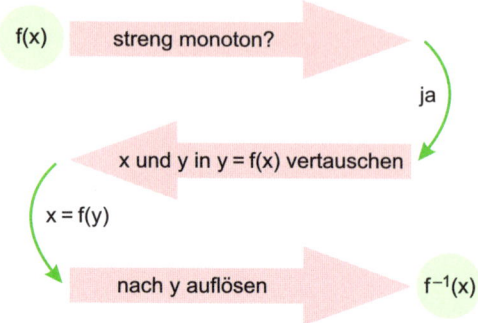

Den Graphen von $f^{-1}(x)$ erhält man, indem man den Graphen von f(x) an der
Geraden y = x, also an der Winkelhalbierenden des I. und III. Quadranten, spiegelt.
Die Graphen von Funktion und Umkehrfunktion können sich nur auf der Spiegel-
achse y = x schneiden.

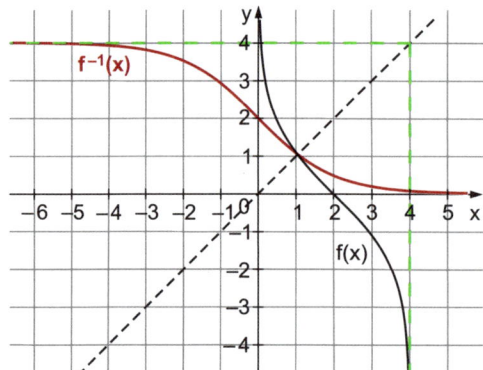

Die Vertauschung von x und y bedeutet auch eine Vertauschung von Definitions-
und Wertebereich:

$$\mathbb{D}_{f^{-1}} = \mathbb{W}_f$$

$$\mathbb{W}_{f^{-1}} = \mathbb{D}_f$$

Außerdem wird eine senkrechte Asymptote x = a zu einer waagrechten Asymptote
y = a und umgekehrt.

Ganzrationale Funktion

Einen Term der Form $a_n x^n + a_{n-1} x^{n-1} + a_{n-2} x^{n-2} + \dots + a_1 x^1 + a_0 x^0$ mit $n \in \mathbb{N}_0$ und $a_n \in \mathbb{R}$ nennt man **Polynom** in x vom Grad n mit den Koeffizienten a_i, $i \in \{0; 1; \dots n\}$. Ist der Funktionsterm von f(x) ein Polynom n-ten Grades, so heißt f(x) **ganzrationale Funktion vom Grad n**. Ganzrationale Funktionen 1. Grades nennt man lineare Funktionen, ganzrationale Funktionen 2. Grades quadratische Funktionen.

1   Lineare Funktion

Lesen Sie den folgenden Text aufmerksam durch, denn Sie benötigen ihn für die Beispielaufgaben auf den Seiten 12 und 13.

Selina macht Urlaub in der Karibik. Da ihre Mutter Geburtstag hat, ihre Handykosten aber zu hoch wären, möchte sie vom Hotel aus daheim anrufen. Als sie sich am Empfang nach den Preisen für Telefonate nach Europa erkundigt, gibt man ihr nebenstehende Grafik. Während der schwarze Tarif eine lineare Funktion darstellt, setzen sich der grüne und der rote Tarif stückweise aus jeweils zwei linearen Funktionen zusammen.

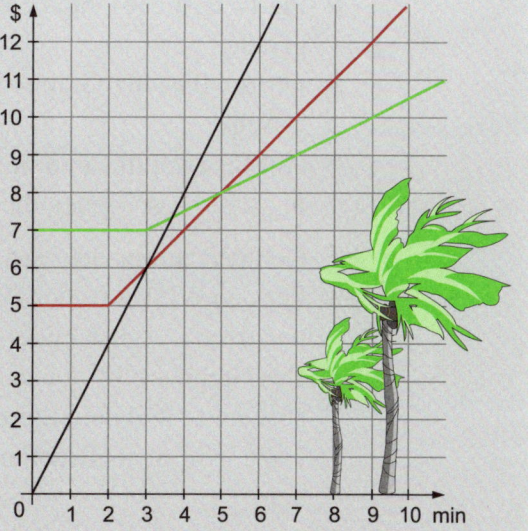

Aus der Grafik liest Selina ab, dass sie für ein 3-Minuten-Gespräch beim schwarzen und beim roten Tarif gleich viel bezahlen muss. Da sie befürchtet, vielleicht länger als 3 Minuten zu telefonieren, sagt sie am Empfang, dass sie nach dem roten Tarif telefonieren möchte. Der Rechnung entnimmt Selina später, dass sie 4,5 Minuten telefoniert hat und daher 7,50 $ bezahlen soll. Sie überprüft dies anhand der Grafik, ist einverstanden und begleicht ihre Rechnung.

 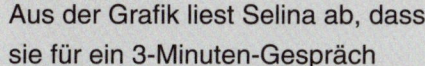

WISSEN

- Funktion: $f(x) = m \cdot x + t$ (Steigung m, Achsenabschnitt t)

- Definitionsbereich: $\mathbb{D} = \mathbb{R}$

- Verhalten an den Rändern:
  $m > 0$: $\lim\limits_{x \to -\infty} f(x) = -\infty$ und $\lim\limits_{x \to \infty} f(x) = \infty$

  $m < 0$: $\lim\limits_{x \to -\infty} f(x) = \infty$ und $\lim\limits_{x \to \infty} f(x) = -\infty$

- Wertebereich: $\mathbb{W} = \mathbb{R}$ (für $m \neq 0$)

- Symmetrie zum KOSY: keine, allerdings gibt es Ausnahmen:
  - achsensymmetrisch zur y-Achse, falls $m = 0$
  - punktsymmetrisch zum Ursprung, falls $t = 0$

- Nullstellen: $f(x) = 0$ liefert (für $m \neq 0$) genau eine Nullstelle

- Ableitung: $f'(x) = m$

- Monotonie:
  $m > 0$: streng monoton steigend
  $m < 0$: streng monoton fallend

- Stammfunktion: $F(x) = \frac{m}{2}x^2 + tx + C$

Besonderheiten:
- Für $t = 0$ ist der Graph eine Ursprungsgerade.
- Für $m = 0$ ist der Graph eine Parallele zur x-Achse.
- Gilt für zwei lineare Funktionen $m_2 = -\frac{1}{m_1}$, so stehen die zugehörigen Geraden aufeinander senkrecht.
- Für den Winkel α, den die Gerade mit der positiven x-Achse bildet, gilt: $\tan \alpha = m$
- Der Graph ergibt sich aus dem Achsenabschnitt t und dem Steigungsdreieck. Dazu wird m als Bruch $m = \frac{z}{n}$ geschrieben.

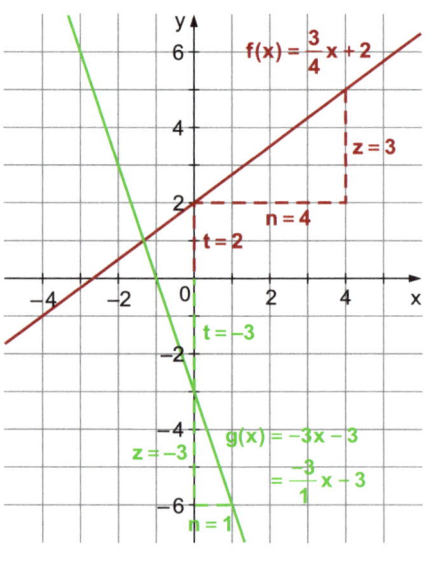

BEISPIEL

1 Beschreiben Sie jeden Tarif aus der Grafik auf Seite 11 mit Worten.

Lösung:

schwarz: Jede Minute kostet 2 $.

rot: Die ersten beiden Minuten kosten 5 $, jede weitere Minute 1 $.

grün: Die ersten drei Minuten kosten 7 $, jede weitere Minute 0,50 $.

Vertiefe dein Wissen!

2 Betrachten Sie nochmals die Grafik auf Seite 11. Geben Sie die zu jedem Tarif gehörigen Funktionsgleichungen an und zeigen Sie rechnerisch, dass bei einer Gesprächsdauer von 6 Minuten der grüne Tarif der günstigste ist.

Lösung:

schwarz: $s(x) = 2x$

$\qquad\quad s(6) = 2 \cdot 6 = 12$

rot: $r(x) = \begin{cases} 5 & \text{für } 0 < x < 2 \\ x + 3 & \text{für } x \geq 2 \end{cases}$ Ablesen: $m = 1$ und $R(2|5)$
Einsetzen in $r(x) = mx + t$:
$5 = 1 \cdot 2 + t \Rightarrow t = 3$

$\qquad\quad r(6) = 6 + 3 = 9$

grün: $g(x) = \begin{cases} 7 & \text{für } 0 < x < 3 \\ 0,5x + 5,5 & \text{für } x \geq 3 \end{cases}$ Ablesen: $m = 0,5$ und $R(3|7)$
Einsetzen in $g(x) = mx + t$:
$7 = 0,5 \cdot 3 + t \Rightarrow t = 5,5$

$\qquad\quad g(6) = 0,5 \cdot 6 + 5,5 = 8,5$

Somit: $g(6) < r(6) < s(6)$

3 a Zeigen Sie, dass beim schwarzen Tarif aus der Grafik auf Seite 11 Gesprächsdauer und Kosten direkt proportional zueinander sind.

b Berechnen Sie, wie teuer für Selina die 4,5 min beim schwarzen Tarif gekommen wären.

c Bestimmen Sie die Gesprächsdauer, für die Selina beim schwarzen Tarif 7,50 $ bezahlen müsste.

Lösung:

a Zwei Größen sind direkt proportional, wenn bei einer Verdopplung, Verdreifachung, … der einen Größe sich auch die andere Größe verdoppelt, verdreifacht, … Der Quotient der beiden Größen ist also eine Konstante.

Gesprächsdauer in min	1	2	3	x
Kosten in $	2	$2 \cdot 2 = 4$	$3 \cdot 2 = 6$	$x \cdot 2$

$$\frac{\text{Kosten}}{\text{Gesprächsdauer}} = \frac{2\,\$}{1\,\text{min}} = \frac{2 \cdot 2\,\$}{2\,\text{min}} = \frac{3 \cdot 2\,\$}{3\,\text{min}} = \frac{x \cdot 2\,\$}{x\,\text{min}} = \text{konstant}$$

Somit sind Gesprächsdauer und Kosten beim schwarzen Tarif direkt proportional.

b $s(4,5) = 2 \cdot 4,5 = 9$
Selina hätte 9 $ für die 4,5 min bezahlen müssen.

c $s(x) = 7,5 \Rightarrow 7,5 = 2x \Rightarrow x = 3,75$
Selina hätte 3,75 min für 7,50 $ telefonieren können.

Vertiefe dein Wissen!

1 Gegeben ist die Gerade g durch $g(x) = -0{,}8x - 2$.

   a Liegt der Punkt P(12|10) auf der Geraden g?

   b Bestimmen Sie die Gleichung einer Geraden h, die senkrecht auf g steht und durch den Punkt P verläuft.

   c Berechnen Sie die Nullstelle von h(x).

   d Bestimmen Sie die Gleichung einer Geraden k, die parallel zu g ist und durch den Punkt Q(−2|13) verläuft.

   e Berechnen Sie den Schnittpunkt S der Geraden h und k.

   f Zeichnen Sie alle Geraden und Punkte in ein Koordinatensystem.

2 Eine Maschine stellt Nägel der Größe M her. Auch die Verpackung der Nägel erfolgt vollautomatisch in kleine Kartons, die die Aufschrift „Stückzahl 50" tragen. Die Abpackmaschine kann aber nicht zählen, sondern wird über eine Waage gesteuert. Wie ist dies möglich?

3 Gegeben sind die Punkte A(−2|8), B(5|1), C(9|5) und D(−3|1).

   a Bestimmen Sie rechnerisch eine Gleichung der Geraden g durch A und B.

   b Bestimmen Sie rechnerisch eine Gleichung der Geraden h durch C und D.

   c Berechnen Sie die Nullstellen der beiden Geraden.

   d Bestimmen Sie den Schnittpunkt S der beiden Geraden.

   e Die beiden Nullstellen und der Schnittpunkt S bilden ein Dreieck. Berechnen Sie seine Fläche.

4 **a** Zeigen Sie, dass Radius und Umfang eines Kreises direkt proportional zueinander sind, Radius und Fläche eines Kreises jedoch nicht.

   b Berechnen Sie den Winkel ε, den die zu Radius und Umfang gehörige Gerade mit der Achse einschließt, auf der der Radius angetragen wird.

TIPP
Stellen Sie zwei Funktionen jeweils mit der abhängigen Variablen r auf.

Vertiefe dein Wissen!

5 Der Hausmeister des Pythagoras-Gymnasiums füllt jeden Morgen – noch bevor er die Schule aufsperrt – die drei Kopierer im Lehrerzimmer randvoll auf. In jeden Kopierer passen 2 000 Blatt. Die Papieranzeige jedes Kopierers wird zwischen 6 und 18 Uhr aufgezeichnet. Am Abend ergibt sich folgendes Diagramm:

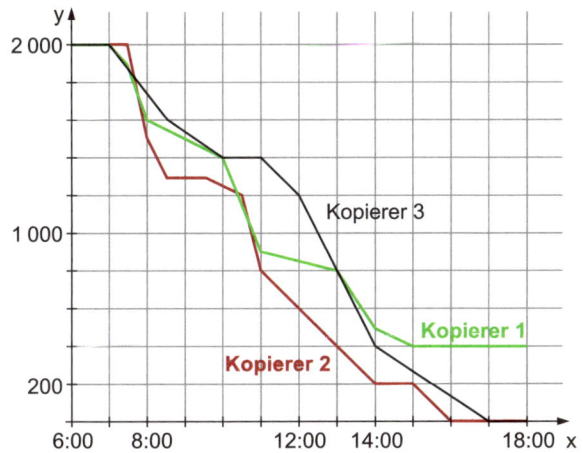

a Geben Sie an, für welche(n) Kopierer die folgenden Aussagen jeweils richtig sind:

Kopierer 1	Kopierer 2	Kopierer 3	
			Es wurde deutlich mehr als 3 Stunden nicht kopiert.
			Es wurde 8 Stunden ununterbrochen kopiert.
			Zwischen 8:30 und 10:30 Uhr wurde nur halb so viel kopiert wie nach 14:00 Uhr.

b Bestimmen Sie den Zeitraum, in dem bei Kopierer 3 die Abnahme der Papiermenge am größten war.

c Geben Sie die Zeiträume an, in denen bei Kopierer 1 das Papier gleich stark abgenommen hat.

2 Quadratische Funktion

Jana und Jakob haben im Garten um und mit dem aufgedrehten Wasserschlauch gekämpft. Jasmin, die große Schwester der beiden, hat die Wasserschlacht und auch die schönen Bögen beobachtet, in denen das Wasser aus dem Schlauch spritzte – zumindest so lange, wie keiner getroffen oder der Schlauch zugehalten wurde. Jasmin schnappt sich den Schlauch und befestigt ihn so zwischen zwei Zaunpfählen, dass sie den Strahl verschieden steil lenken kann. Dabei ergeben sich die Wasserbögen in der nebenstehenden Abbildung. „Hab ich vorhin doch richtig vermutet", denkt Jasmin, „es handelt sich um nach unten geöffnete Parabeln, die ich gerade als Graphen von quadratischen Funktionen in der Schule kennengelernt hab."

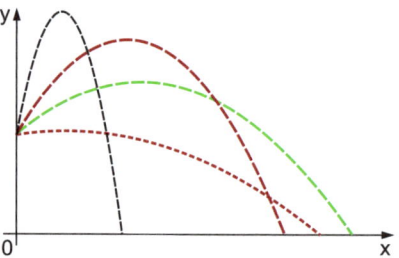

- **Funktion:** $f(x) = a \cdot x^2 + b \cdot x + c \; (a \neq 0)$
  Scheitelform: $f(x) = a \cdot (x - x_s)^2 + y_s$
  mit Scheitel $S(x_s \,|\, y_s)$ als Extrempunkt der Parabel

- **Definitionsbereich:** $\mathbb{D} = \mathbb{R}$

- **Verhalten an den Rändern:** $a > 0$: $\lim\limits_{x \to \pm\infty} f(x) = +\infty$ (nach oben geöffnete Parabel)

  $a < 0$: $\lim\limits_{x \to \pm\infty} f(x) = -\infty$ (nach unten geöffnete Parabel)

- **Wertebereich:** $a > 0$: $W = [y_s; +\infty[$ und $a < 0$: $W =]-\infty; y_s]$

- **Symmetrie zum KOSY:** keine, aber es gibt eine Ausnahme:
  – achsensymmetrisch zur y-Achse, falls $b = 0$ bzw. $x_s = 0$

- **Nullstellen:** $f(x) = 0$ (quadrat. Gleichung mit 0, 1 oder 2 Lösungen)

- **Ableitung:** $f'(x) = a \cdot x + b$

- **Monotonie:** $a > 0$: streng monoton fallend in $]-\infty; x_s[$ und
  streng monoton steigend in $]x_s; +\infty[$

  $a < 0$: streng monoton steigend in $]-\infty; x_s[$ und
  streng monoton fallend in $]x_s; +\infty[$

- **Stammfunktion:** $F(x) = \dfrac{a}{3}x^3 + \dfrac{b}{2}x^2 + cx + C$

Vertiefe dein Wissen!

Besonderheiten:

- Der Graph einer quadratischen Funktion heißt Parabel.
- Der Graph der quadratischen Funktion $f(x)=x^2$ heißt Normalparabel.
- Jede andere Parabel entsteht durch Verschieben, Dehnen/Stauchen, Spiegeln der Normalparabel (siehe auch Kapitel 1.2).
- Jede Parabel ist achsensymmetrisch zur Senkrechten $x=x_s$.

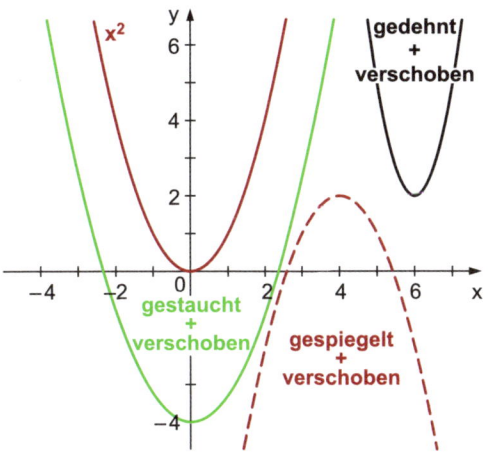

Umwandlung von Scheitelform in allgemeine Form

Liegt die Gleichung der Parabel in der Scheitelform vor, so muss man lediglich ausmultiplizieren, um auf die allgemeine Form zu kommen (siehe Beispiel 1).

Umwandlung von allgemeiner Form in Scheitelform

Liegt die Gleichung der Parabel in der allgemeinen Form vor, so kann man entweder eine quadratische Ergänzung durchführen oder den Scheitel als Extrempunkt berechnen und den Faktor vor dem x^2 als Faktor a übernehmen (siehe Beispiel 1).

BEISPIEL

1 Wandeln Sie $f(x)=3 \cdot (x+2)^2-4$ in die allgemeine Form und $g(x)=3x^2-36x+110$ in die Scheitelform um.

Lösung:
$$f(x)=3 \cdot (x+2)^2-4=3 \cdot (x^2+4x+4)-4=3x^2+12x+12-4=3x^2+12x+8$$

Quadratische Ergänzung:
$$g(x)=3x^2-36x+110=3(x^2-12x)+110=3(x^2-12x+6^2)-3 \cdot 6^2+110$$
$$=3 \cdot (x-6)^2+2$$

Extremwertbestimmung:
$$g'(x)=6x-36$$
$$g'(x)=0 \Rightarrow x=6 \Rightarrow g(6)=3 \cdot 6^2-36 \cdot 6+110=2 \Rightarrow S(6|2)$$
Mit Übernahme von $a=3$ ergibt sich: $g(x)=3 \cdot (x-6)^2+2$

2 Entwickeln Sie aus dem Graphen von $f(x)=x^2$ in vier Schritten den Graphen von $j(x)=-\frac{1}{2}x^2-3x-6$.
Geben Sie bei jedem Schritt den neuen Funktionsterm sowie die zugehörige Wertemenge an.

Lösung:

Die Funktion j(x) wird zunächst in die Scheitelform umgewandelt:

$$j(x) = -\frac{1}{2}x^2 - 3x - 6 = -\frac{1}{2}(x^2 + 6x) - 6 = -\frac{1}{2}(x^2 + 6x + \mathbf{3^2}) - \left(-\frac{1}{2} \cdot \mathbf{3^2}\right) - 6$$

$$= -\frac{1}{2}(x+3)^2 - \frac{3}{2}$$

Ausgangsfunktion: $f(x) = x^2$ mit $\mathbb{W} = \mathbb{R}_0^+$

1	Verschiebung um −3 in x-Richtung	$g(x) = (x+3)^2$ mit $\mathbb{W} = \mathbb{R}_0^+$
2	Stauchung mit $\frac{1}{2}$ in y-Richtung	$h(x) = \frac{1}{2}(x+3)^2$ mit $\mathbb{W} = \mathbb{R}_0^+$
3	Spiegelung an der x-Achse	$i(x) = -\frac{1}{2}(x+3)^2$ mit $\mathbb{W} = \mathbb{R}_0^-$
4	Verschiebung um $-\frac{3}{2}$ in y-Richtung	$j(x) = -\frac{1}{2}(x+3)^2 - \frac{3}{2}$ mit $\mathbb{W} = \left]-\infty; -\frac{3}{2}\right]$

Anmerkung: Die einzelnen Schritte können auch in anderer (aber nicht beliebiger) Reihenfolge ausgeführt werden.

3 Es sollen die gemeinsamen Punkte einer Parabel und einer Geraden bestimmt werden. Wie viele gemeinsame Punkte kann es geben? Zeichnen Sie zu jeder Möglichkeit ein passendes Schaubild. Beschreiben Sie zudem, wie man die gemeinsamen Punkte rechnerisch ermitteln kann und wovon dabei die Anzahl der gemeinsamen Punkte abhängt.

Lösung:

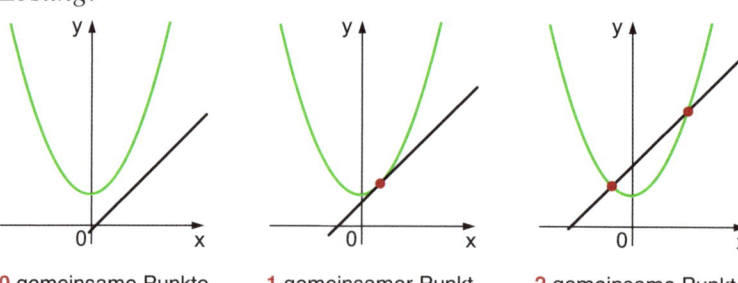

0 gemeinsame Punkte   **1** gemeinsamer Punkt   **2** gemeinsame Punkte

Rechnerisch ermittelt man die gemeinsamen Punkte durch Gleichsetzen der beiden Funktionsterme. Dies führt zu einer quadratischen Gleichung, die entweder 0, 1 oder 2 Lösungen besitzt (die Lösungen sind die x-Werte der gemeinsamen Punkte). Möchte man lediglich die Anzahl der Lösungen wissen, betrachtet man nur die Diskriminante d (= Term unter der Wurzel) der zugehörigen Lösungsformel für quadratische Gleichungen. Für $d<0$ gibt es 0 gemeinsame Punkte, für $d=0$ gibt es 1 gemeinsamen Punkt (Berührpunkt) und für $d>0$ gibt es 2 gemeinsame Punkte.

4 FS
5 FS

Vertiefe dein Wissen!

6 Fünf der aufgeführten Funktionen sind dargestellt. Ordnen Sie entsprechend zu:

$f_1(x) = \frac{1}{3}(x+2)^2 + 4$

$f_2(x) = 3(x-4)^2 + 2$

$f_3(x) = -\frac{1}{3}(x+2)^2 + 4$

$f_4(x) = \frac{1}{3}(x-2)^2 + 4$

$f_5(x) = \frac{1}{3}(x+2)^2 - 4$

$f_6(x) = -3(x+4)^2 + 2$

$f_7(x) = 3(x+2)^2 - 4$

$f_8(x) = -\frac{1}{3}(x+4)^2 + 2$

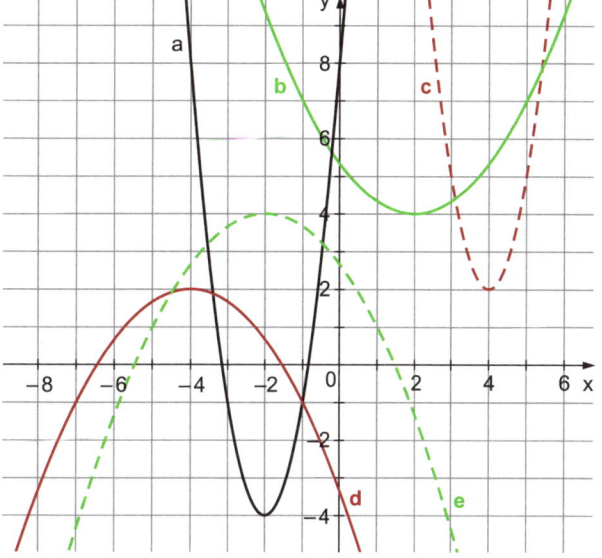

7   **a** Der Scheitel der Parabel p_1 liegt im II. Quadranten. Was muss gelten, damit die Parabel zwei Nullstellen besitzt?

     b Der Scheitel der Parabel p_2 liegt im IV. Quadranten. Was muss gelten, damit die Parabel keine Nullstelle besitzt?

     c Wann besitzt eine Parabel nur genau eine Nullstelle?

8 Zwei Parabeln sollen geschnitten werden. Wie viele gemeinsame Punkte kann es geben? Zeichnen Sie zu jeder Möglichkeit ein passendes Schaubild.

9 Der Graph der Funktion $f(x)$ ist eine Parabel, die symmetrisch zu $x = 5$ ist und durch die Punkte $A(8|0)$ und $B(6|-4)$ verläuft.

TIPP

Bei den Aufgaben 9a und 10 handelt es sich um Steckbriefaufgaben (vgl. S. 22/23).

     a Bestimmen Sie den Funktionsterm auf zwei verschiedene Arten.

     b Berechnen Sie die Nullstellen der Funktion.

10 Die Parabel p_1 ist der Graph der Funktion $f(x) = -x^2 + 2x + 4$.

     a Bestimmen Sie die Funktionsgleichung g einer Parabel p_2, die durch den Scheitel von p_1 verläuft und deren Scheitel im Punkt $(4|?)$ der Parabel p_1 liegt.

     b Bestimmen Sie die Funktionsgleichung h einer Parabel p_3, die die Parabel p_1 in deren Schnittpunkt mit der y-Achse berührt und durch $(2|10)$ verläuft.

Vertiefe dein Wissen!

11 Die linke Fontäne des Brunnens entspringt einer Düse in 3 m Höhe über der Wasseroberfläche und kann durch eine Parabel modelliert werden. Im vorliegenden Koordinatensystem (Einheit 1 m) entspricht die x-Achse der Wasseroberfläche. Die Düse liegt bei (0|3) und die Parabel verläuft durch A(1|3,8) und B(3|4,8).

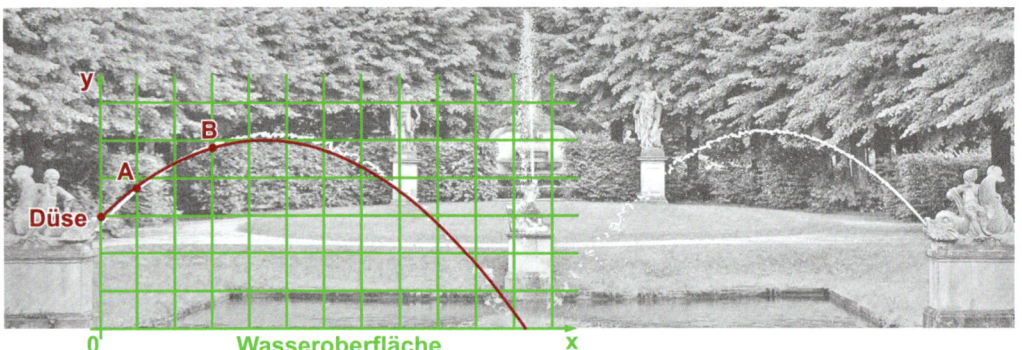

a Bestimmen Sie die Funktionsgleichung der Modellparabel.

b Welche maximale Höhe über der Wasseroberfläche erreicht die Fontäne im Modell?

c Bestimmen Sie den Winkel, unter dem das Wasser die Düse verlässt.

d Wie weit müssen die beiden (symmetrischen) Wasserspeier mindestens voneinander entfernt sein, damit sich die beiden Fontänen nicht schon in der Luft treffen?

3 Ganzrationale Funktion mit Grad größer zwei

Als Verkehrszeichen dürfte diese „Schlangenwarnung" in unseren Breitengraden nur äußerst selten auftauchen, als Markierung für ganzrationale Funktionen eignet sie sich jedoch bestens, denn die Graphen ganzrationaler Funktionen vom Grad größer zwei erinnern durchaus an „Schlangenlinien".

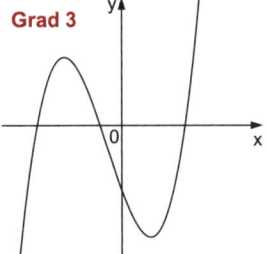

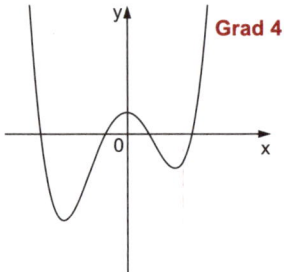

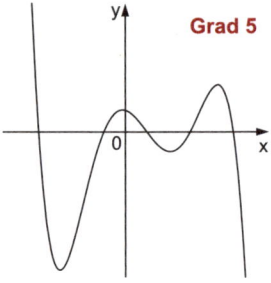

WISSEN

- **Funktion:** $f(x) = a_n x^n + a_{n-1} x^{n-1} + \ldots + a_0 x^0$ $(n \in \mathbb{N}, n > 2, a_n \in \mathbb{R})$

- **Definitionsbereich:** $\mathbb{D} = \mathbb{R}$

- **Verhalten an den Rändern:**

  n gerade und $a_n > 0$: $\quad \lim\limits_{x \to \pm\infty} f(x) = +\infty$

  n gerade und $a_n < 0$: $\quad \lim\limits_{x \to \pm\infty} f(x) = -\infty$

  n ungerade und $a_n > 0$: $\quad \lim\limits_{x \to +\infty} f(x) = +\infty; \quad \lim\limits_{x \to -\infty} f(x) = -\infty$

  n ungerade und $a_n < 0$: $\quad \lim\limits_{x \to +\infty} f(x) = -\infty; \quad \lim\limits_{x \to -\infty} f(x) = +\infty$

- **Wertebereich:**

  n gerade und $a_n > 0$: $\;\; \mathbb{W} = [y_{\text{absolutes Minimum}}; +\infty[$

  n gerade und $a_n < 0$: $\;\; \mathbb{W} =]-\infty; y_{\text{absolutes Maximum}}]$

  n ungerade: $\qquad\qquad \mathbb{W} = \mathbb{R}$

- **Symmetrie zum KOSY:**
  - achsensymmetrisch zur y-Achse, falls alle Potenzen von x im Funktionsterm gerade sind
  - punktsymmetrisch zum Ursprung, falls alle Potenzen von x im Funktionsterm ungerade sind

- **Nullstellen:** $f(x) = 0$ liefert maximal n Nullstellen

- **Ableitung:** $f'(x) = n a_n x^{n-1} + (n-1) a_{n-1} x^{n-2} + \ldots + a_1$

- **Monotonie:** ergibt sich aus der 1. Ableitung

- **Stammfunktion:** $F(x) = \frac{1}{n+1} a_n x^{n+1} + \frac{1}{n} a_{n-1} x^n + \ldots + \frac{1}{2} a_1 x^2 + a_0 x^1 + C$

Besonderheiten:

- Zur Berechnung der Nullstellen (Lösung der Gleichung $f(x) = 0$) benötigt man die **Polynomdivision**.

- Bei der Lösung der Gleichung $f(x) = 0$ „errät" man zunächst eine Nullstelle x_1 durch Probieren (im Allgemeinen mit $0; \pm1; \pm2; \pm3$) und dividiert dann den Funktionsterm durch $(x - x_1)$. Die Division geht auf und der Term, der sich als Ergebnis der Polynomdivision ergibt, wird wiederum $=0$ gesetzt. Damit wird entsprechend weiter verfahren, bis nur noch ein quadratischer Term verbleibt, der mit der Formel gelöst werden kann.

BEISPIEL

1 Berechnen Sie die Nullstellen von $f(x) = x^4 - 3x^3 - 9x^2 + 23x - 12$ und geben Sie eine Linearfaktorzerlegung von f an.

Lösung:

$x^4 - 3x^3 - 9x^2 + 23x - 12 = 0$

Erraten: $x_1 = 1$

Polynomdivision:

$$(x^4 - 3x^3 - 9x^2 + 23x - 12) : (x - 1) = x^3 - 2x^2 - 11x + 12$$
$$\underline{-(x^4 - x^3)}$$
$$-2x^3 - 9x^2$$
$$\underline{-(-2x^3 + 2x^2)}$$
$$-11x^2 + 23x$$
$$\underline{-(-11x^2 + 11x)}$$
$$12x - 12$$
$$\underline{-(12x - 12)}$$
$$0$$

Nullsetzen des Terms, den man als Ergebnis erhält:

$$x^3 - 2x^2 - 11x + 12 = 0$$

Erraten: $x_2 = 1$

Polynomdivision:

$$(x^3 - 2x^2 - 11x + 12) : (x - 1) = x^2 - x - 12$$
$$\underline{-(x^3 - x^2)}$$
$$-x^2 - 11x$$
$$\underline{-(-x^2 + x)}$$
$$-12x + 12$$
$$\underline{-(-12x + 12)}$$
$$0$$

Nullsetzen des Terms, den man als Ergebnis erhält:

$$x^2 - x - 12 = 0$$
$$\Rightarrow \quad x_{3;4} = 0{,}5 \pm \sqrt{(-0{,}5)^2 + 12} = 0{,}5 \pm 3{,}5$$
$$\Rightarrow \quad x_3 = 4 \text{ und } x_4 = -3$$

Die Funktion f(x) hat die Nullstellen $x_1 = \textbf{\textcolor{red}{+1}}$, $x_2 = \textbf{\textcolor{red}{+1}}$, $x_3 = \textbf{\textcolor{red}{+4}}$, $x_4 = \textbf{\textcolor{red}{-3}}$. Für die Zerlegung in **Linearfaktoren** folgt somit:

$$f(x) = x^4 - 3x^3 - 9x^2 + 23x - 12 = (x \textbf{\textcolor{red}{- 1}})^2 \cdot (x \textbf{\textcolor{red}{- 4}}) \cdot (x \textbf{\textcolor{red}{+ 3}})$$

2 f(x) ist eine ganzrationale Funktion 3. Grades. Sie hat für $x = 2$ eine doppelte Nullstelle und in $(-1\,|\,6{,}75)$ einen Hochpunkt.

a Bestimmen Sie den Funktionsterm.

b Berechnen Sie die Nullstellen von f(x).

c Berechnen Sie f(0), f(3) und f(−3) und skizzieren Sie den Graphen von f(x) anhand aller Eigenschaften.

Steckbriefaufgabe

1. allgemeine Funktionsgleichung mit Parametern aufstellen
2. i. d. R. Ableitung(en) bilden
3. Gleichungssystem für die Parameter aus den gegebenen Bedingungen aufstellen
4. Gleichungssystem lösen

Vertiefe dein Wissen!

Lösung:

a Allgemeiner Ansatz: $\boxed{f(x) = ax^3 + bx^2 + cx + d}$ **1**

$\boxed{f'(x) = 3ax^2 + 2bx + c}$ **2**

Da eine doppelte Nullstelle eine waagrechte Tangente hat, ergeben sich aus „doppelte Nullstelle für $x = 2$" die Gleichungen:

I $f(2) = 0 \Rightarrow 8a + 4b + 2c + d = 0 \Rightarrow d = -8a - 4b - 2c$

II $f'(2) = 0 \Rightarrow 12a + 4b + c = 0 \qquad \Rightarrow c = -12a - 4b$

Auch „Hochpunkt in $(-1\,|\,6{,}75)$" liefert zwei Gleichungen:

III $f(-1) = 6{,}75 \Rightarrow -a + b - c + d = 6{,}75$

IV $f'(-1) = 0 \qquad \Rightarrow 3a - 2b + c = 0 \qquad \Rightarrow c = -3a + 2b$ **3**

Nun muss das Gleichungssystem gelöst werden:

II = IV: $-12a - 4b = -3a + 2b \Rightarrow -9a = 6b \Rightarrow b = -1{,}5a$

b in IV: $c = -3a - 3a = -6a$

b, c in I: $d = -8a + 6a + 12a = 10a$

b, c, d in III: $-a - 1{,}5a + 6a + 10a = 6{,}75 \Rightarrow 13{,}5a = 6{,}75$

$\Rightarrow \quad a = 0{,}5; \, b = -0{,}75; \, c = -3; \, d = 5$ **4**

Also: $f(x) = 0{,}5x^3 - 0{,}75x^2 - 3x + 5$

b Da $x = 2$ als doppelte Nullstelle gegeben ist, kann der Funktionsterm gleich durch $(x - 2)^2 = (x^2 - 4x + 4)$ dividiert werden.

$$(0{,}5x^3 - 0{,}75x^2 - 3x + 5) : (x^2 - 4x + 4) = 0{,}5x + 1{,}25$$
$$\underline{-(0{,}5x^3 - 2x^2 + 2x)}$$
$$1{,}25x^2 - 5x + 5$$
$$\underline{-(1{,}25x^2 - 5x + 5)}$$
$$0$$

$0{,}5x + 1{,}25 = 0$ liefert dann die weitere Nullstelle $x = -2{,}5$.

c $f(0) = 5$

$f(3) = 2{,}75$

$f(-3) = -6{,}25$

siehe Abbildung rechts

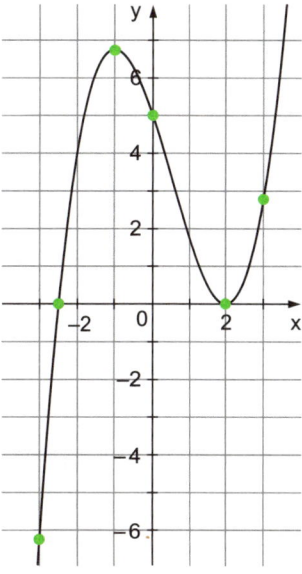

12 Gegeben ist die Funktion $f(x) = -\frac{1}{4}(x^4 - 8x^2 + 7)$.

a Zeigen Sie, dass der Graph von f(x) achsensymmetrisch zur y-Achse ist.

b Bestimmen Sie die Nullstellen der Funktion.

c Berechnen Sie die Extrempunkte der Funktion.

d Bestimmen Sie die Koordinaten der beiden Wendepunkte.

e Fertigen Sie mithilfe aller Ergebnisse eine Skizze des Graphen von f(x) an.

13 Die Abbildungen zeigen den Graphen der Funktion f(x). Zeichnen Sie links den Graphen der 1. Ableitung f'(x), in der Mitte den Graphen der 2. Ableitung f"(x) und rechts den Graphen einer Stammfunktion F(x) ein.

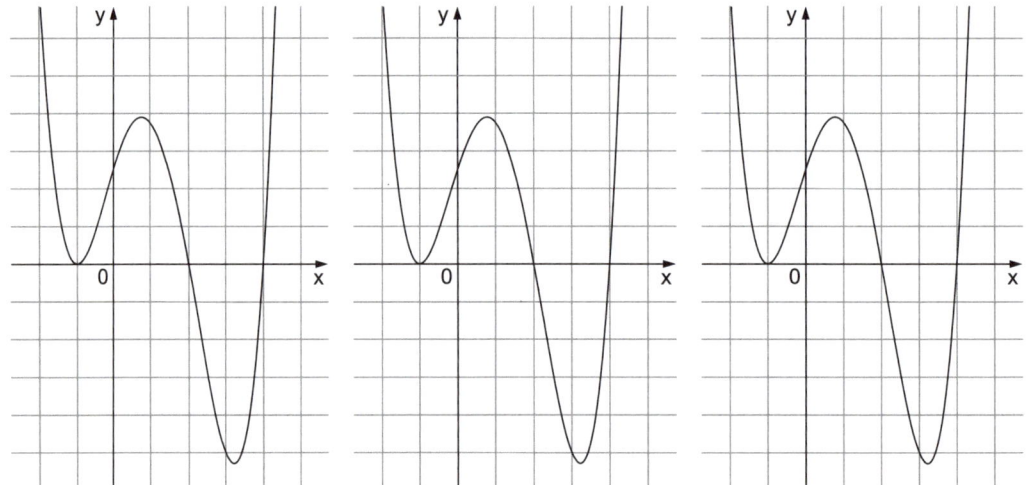

14 Die ganzrationale Funktion 3. Grades f(x) hat in (1|2) einen Hochpunkt, verläuft durch P(–1|–4) und hat die Nullstelle x = 0. Bestimmen Sie den Term von f(x).

15 Der Querschnitt einer Fußgängerunterführung kann in einem Koordinatensystem mit der Einheit 1 m durch $f(x) = -\frac{16}{27}(x - 1{,}5)^4 + 3$ dargestellt werden.

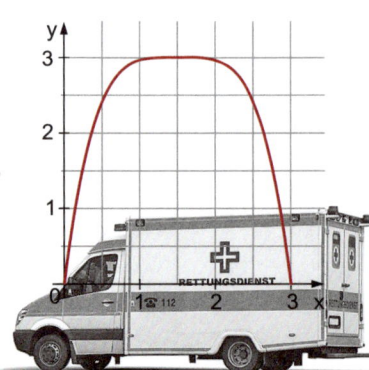

a Welche Breite besitzt die Unterführung in 2 m Höhe?

b In Notfällen soll auch ein Krankenwagen die Unterführung passieren können. Welche Höhe muss ein 2 m breiter Krankenwagen unterschreiten, damit er die Unterführung gerade noch passieren kann?

16 In der Abbildung ist u. a. der Graph von
$f(x) = \frac{1}{16}(x^4 + 2x^3 - 12x^2 + 14x + 59)$
zu sehen.

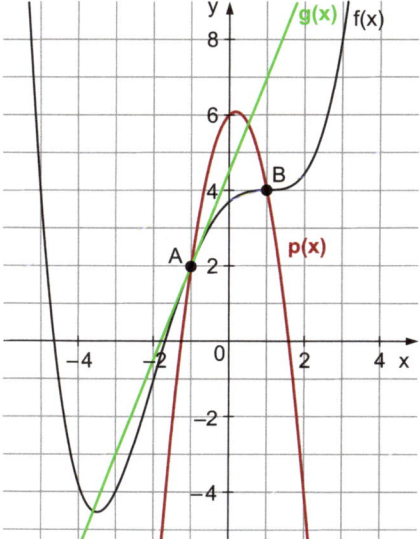

a Weisen Sie nach, dass f(x) für x = −3,5 einen Tiefpunkt und für x = 1 einen Terrassenpunkt besitzt.

b Geben Sie die Gleichung der Tangente g(x) im Kurvenpunkt A(−1 | ?) an.

c Bestimmen Sie die Gleichung der Parabel p(x), die durch A und den Terrassenpunkt verläuft und die y-Achse bei 6 schneidet.

d Berechnen Sie die Fläche, die vom Graphen von f(x) und der Parabel p(x) eingeschlossen wird.

e In welchem Verhältnis wird diese Fläche von der Tangente g(x) geteilt?

17 Gegeben ist die Funktionenschar $f_a(x) = x^3 - 2x^2 - a^2x + 2a^2$ mit $a \in \mathbb{R}_0^+$.

a Zeigen Sie, dass alle Funktionen der Schar die Nullstelle x = 2 besitzen.

b Bestimmen Sie die weiteren Nullstellen von $f_a(x)$ in Abhängigkeit von a.

c Zeigen Sie, dass alle Funktionen $f_a(x)$ zwei Stellen mit waagrechter Tangente besitzen.

d Die Wendepunkte aller Graphen der Schar liegen auf einer Parallelen zur y-Achse. Begründen Sie dies.

e Bestimmen Sie diejenigen Werte von a, für die $f_a(x)$ doppelte Nullstellen besitzt.

f Bestimmen Sie a > 2 so, dass die vom Graphen von $f_a(x)$ und der x-Achse eingeschlossene Fläche den Wert $189\frac{1}{3}$ [FE] hat.

Klausur 1

1

16 BE

Gegeben ist die Schar $f_t(x) = tx^2 - 2t^2x + t^3 + 1$ mit $\mathbb{D} = \mathbb{R}$ und $t \in \mathbb{R}\backslash\{0\}$.

a Bestimmen Sie die Nullstellen in Abhängigkeit von t (Fallunterscheidung!).

b Zeigen Sie, dass die Scheitel aller Scharfunktionen auf einer Parallelen zur x-Achse liegen.

2

26 BE

Gegeben ist die Funktion $f(x) = x^4 - 4x^3 - 6x^2 + 4x + 5$ mit $\mathbb{D} = \mathbb{R}$.

a Bestimmen Sie die Nullstellen der Funktion und skizzieren Sie grob den Verlauf von f(x).

b Berechnen Sie $\int_{-1}^{5} f(x)\, dx$ und interpretieren Sie das Ergebnis.

3

30 BE

Die Abbildung zeigt den Graphen der ganzrationalen Funktion 3. Grades f(x), die durch die markierten Punkte mit ganzzahligen Koordinaten verläuft.

Betrachtet wird die Integralfunktion:

$$F(x) = \int_0^x f(t)\, dt$$

a Bestimmen Sie das Monotonieverhalten von F(x).

b Wo besitzt F(x) waagrechte Tangenten?

c Zeigen Sie, dass F(x) nur einen Extremwert besitzt.

d F(x) besitzt zwei Nullstellen. Begründen Sie, dass $x_1 = 0$ und $x_2 < -2$ gilt.

e Bestimmen Sie F(1), F(4) und F(–2) näherungsweise und skizzieren Sie in der Abbildung den Graphen von F(x).

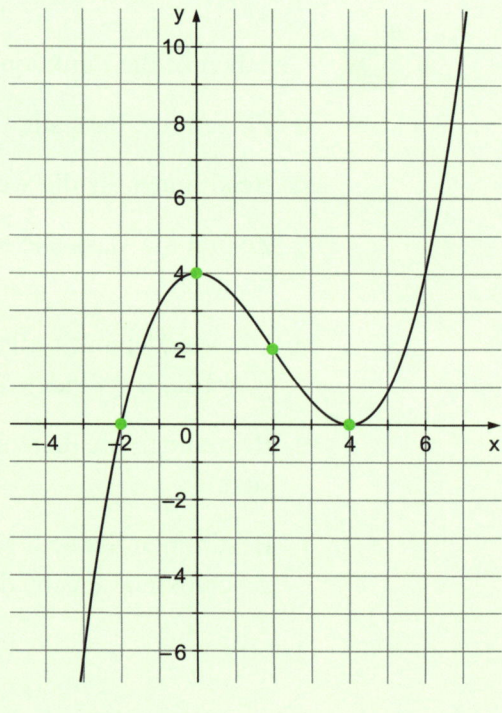

Punkteverteilung (NP $\triangleq$ Notenpunkte; BE $\triangleq$ Bewertungseinheiten):

NP	15	14	13	12	11	10	9	8	7	6	5	4	3	2	1	0
BE	72–70	69–66	65–62	61–59	58–55	54–51	50–48	47–44	43–40	39–37	36–33	32–29	28–25	24–20	19–15	14–0

Gebrochenrationale Funktion

Lassen sich zwei ganzrationale Funktionen u(x) und v(x) rechnerisch verbinden und was entsteht dabei? Betrachten Sie die beiden Funktionen $u(x) = x^3 - 2x^2 + 2$ und $v(x) = x^4 + 4x^3 + x^2 - 6x$.

- Bildet man die Summe, so ergibt sich:

$$s(x) = u(x) + v(x) = x^4 + 5x^3 - x^2 - 6x + 2 \qquad \leftarrow \text{ganzrationale Funktion}$$

- Für die Differenz erhält man:

$$d(x) = u(x) - v(x) = -x^4 - 3x^3 - 3x^2 + 6x + 2 \qquad \leftarrow \text{ganzrationale Funktion}$$

- Bei der Multiplikation ergibt sich:

$$p(x) = u(x) \cdot v(x)$$
$$= x^7 + 2x^6 - 7x^5 - 6x^4 + 20x^3 + 2x^2 - 12x \qquad \leftarrow \text{ganzrationale Funktion}$$

- Für die Division erhält man:

$$q(x) = u(x) : v(x) = \frac{x^3 - 2x^2 + 2}{x^4 + 4x^3 + x^2 - 6x} \qquad \leftarrow \textbf{gebrochenrationale Funktion}$$

Nur bei der Division zweier ganzrationaler Funktionen erhält man im Allgemeinen keine ganzrationale Funktion. Eine Funktion der Form $f(x) = \frac{u(x)}{v(x)}$ mit den ganzrationalen Funktionen u(x) und v(x) nennt man gebrochenrationale Funktion.

WISSEN

- Funktion:
$$f(x) = \frac{u(x)}{v(x)} = \frac{a_m x^m + a_{m-1} x^{m-1} + \ldots + a_1 x^1 + a_0 x^0}{b_n x^n + b_{n-1} x^{n-1} + \ldots + b_1 x^1 + b_0 x^0}$$

  u(x) vom Grad m, v(x) vom Grad n

- Definitionsbereich: $\mathbb{D} = \mathbb{R} \setminus \{\text{Nullstellen von } v(x)\}$

- Verhalten an den Rändern:

  $x \to \pm\infty$

  $m < n$: $\lim\limits_{x \to \pm\infty} f(x) = 0$

  $m = n$: $\lim\limits_{x \to \pm\infty} f(x) = \frac{a_m}{b_n}$

  $m > n$: $\lim\limits_{x \to +\infty} f(x) = \frac{a_m}{b_n} \cdot \infty$

  $\lim\limits_{x \to -\infty} f(x) = \frac{a_m}{b_n} \cdot \infty$ (m − n gerade) oder $\lim\limits_{x \to -\infty} f(x) = \frac{a_m}{b_n} \cdot (-\infty)$ (m − n ungerade)

Vertiefe dein Wissen!

$x \to x_0$ (mit $v(x_0) = 0$ und $u(x_0) \neq 0$)	– x_0 ist 1-fache, 3-fache, 5-fache … Nullstelle von $v(x)$: $$\lim_{x \to x_0^+} f(x) = +\infty \text{ und } \lim_{x \to x_0^-} f(x) = -\infty$$ oder $$\lim_{x \to x_0^+} f(x) = -\infty \text{ und } \lim_{x \to x_0^-} f(x) = +\infty$$ x_0 ist Polstelle mit Vorzeichenwechsel
	– x_0 ist 2-fache, 4-fache, 6-fache … Nullstelle von $v(x)$: $$\lim_{x \to x_0^{+/-}} f(x) = +\infty \text{ oder } \lim_{x \to x_0^{+/-}} f(x) = -\infty$$ x_0 ist Polstelle ohne Vorzeichenwechsel

- **Asymptoten:**
  - – senkrechte $\quad x = x_0$ mit $x_0 =$ Polstelle von $f(x)$
  - – waagrechte $\quad m < n$: $\quad$ x-Achse ist Asymptote

    $\qquad\qquad\quad m = n$: $\quad$ Parallele zur y-Achse ist Asymptote $\left(y = \dfrac{a_m}{b_n} \right)$
  - – schiefe $\qquad m = n + 1$: Gerade mit Steigung $\neq 0$ ist Asymptote (ergibt sich über Polynomdivision ohne Restglied)
- **Wertebereich:** $\quad$ ergibt sich aus den Limeswerten und Extrempunkten
- **Symmetrie zum KOSY:** $\quad$ keine, aber es gibt Ausnahmen:
  - – Achsensymmetrie zur y-Achse: $f(-x) = f(x)$
  - – Punktsymmetrie zum Ursprung: $f(-x) = -f(x)$
- **Nullstellen:** $\quad f(x) = 0 \Rightarrow u(x) = 0$ (nur der Zähler wird betrachtet!)
- **Ableitung:** $\quad f'(x) = \dfrac{u'(x) \cdot v(x) - u(x) \cdot v'(x)}{[v(x)]^2}$ (Quotientenregel)

  Die 2. Ableitung lässt sich stets durch $v(x)$ kürzen.
- **Monotonie:** $\quad$ ergibt sich aus der 1. Ableitung
- **Stammfunktion:** $\quad$ i. A. nicht zu bestimmen, Ausnahmen:

  $$f(x) = \frac{1}{x^n} = x^{-n} \text{ mit } n \in \mathbb{N} \backslash \{1\} \Rightarrow F(x) = \frac{1}{-n+1} x^{-n+1} + C$$

  $$f(x) = \frac{1}{x} \qquad\qquad\qquad\qquad \Rightarrow F(x) = \ln|x| + C$$

  $$f(x) = \frac{v'(x)}{v(x)} \qquad\qquad\qquad\quad \Rightarrow F(x) = \ln|v(x)| + C$$

Besonderheiten:

- Ist der Grad des Zählers größer als der Grad des Nenners ($m > n$), so lässt sich die Funktion durch Polynomdivision umformen. Als Ergebnis erhält man einen ganzrationalen Term vom Grad $m - n$ und ein Restglied. Der ganzrationale Term gibt die asymptotische Kurve der Funktion an. Für $m = n + 1$ ist dies die schiefe Asymptote.

Vertiefe dein Wissen!

■ Haben Zähler und Nenner Nullstellen gemeinsam, so kann man die Funktion durch die entsprechenden Linearfaktoren kürzen. Ist x_0 s-fache Nullstelle von $v(x)$ und zugleich r-fache Nullstelle von $u(x)$, so unterscheidet man:

r > s und r = s:	• x_0 ist **stetig behebbare Definitionslücke**
	• Graph von $f(x)$ hat ein „Loch" bei x_0
r < s:	• x_0 ist **Polstelle**

BEISPIEL

1 Formen Sie die Funktionsterme durch Polynomdivision um und geben Sie die asymptotische Funktion an, der sich die Funktion nähert:

a $f(x) = \dfrac{4x^5 - 2x^4 + x^3 - 3x^2 + x}{x^3 - x^2 + x + 1}$

b $g(x) = \dfrac{3x^4 - 2x^3 + x^2 - 5x + 1}{x^3 - 2x^2 + 2x - 4}$

Lösung:

a $(4x^5 - 2x^4 + x^3 - 3x^2 + x) : (x^3 - x^2 + x + 1) = 4x^2 + 2x - 1$

$\underline{-(4x^5 - 4x^4 + 4x^3 + 4x^2)}$

$\quad 2x^4 - 3x^3 - 7x^2 + x$

$\quad \underline{-(2x^4 - 2x^3 + 2x^2 + 2x)}$

$\qquad -x^3 - 9x^2 - x$

$\qquad \underline{-(-x^3 + x^2 - x - 1)}$

$\qquad\qquad -10x^2 + 1$

asymptotische Kurve *Restglied*

$f(x) = \dfrac{4x^5 - 2x^4 + x^3 - 3x^2 + x}{x^3 - x^2 + x + 1} = 4x^2 + 2x - 1 + \dfrac{-10x^2 + 1}{x^3 - x^2 + x + 1}$

Der Graph von $f(x)$ nähert sich für $x \to \pm\infty$ der Parabel $y = 4x^2 + 2x - 1$ an.

b $(3x^4 - 2x^3 + x^2 - 5x + 1) : (x^3 - 2x^2 + 2x - 4) = 3x + 4$

$\underline{-(3x^4 - 6x^3 + 6x^2 - 12x)}$

$\quad 4x^3 - 5x^2 + 7x + 1$

$\quad \underline{-(4x^3 - 8x^2 + 8x - 16)}$

$\qquad 3x^2 - x + 17$

asymptotische Kurve *Restglied*

$g(x) = \dfrac{3x^4 - 2x^3 + x^2 - 5x + 1}{x^3 - 2x^2 + 2x - 4} = 3x + 4 + \dfrac{3x^2 - x + 17}{x^3 - 2x^2 + 2x - 4}$

Der Graph von $g(x)$ nähert sich für $x \to \pm\infty$ der Geraden $y = 3x + 4$ an. Diese ist **schiefe Asymptote,** da der Grad des Zählers von $g(x)$ genau 1 größer ist als der Grad des Nenners.

Vertiefe dein Wissen!

2 Gebrochenrationale Funktionen können auch gleich in der Form

$$h(x) = 1,5x - 3 - \frac{x-4}{x^2+1}$$

gegeben sein. So lässt sich $y = 1,5x - 3$ direkt als schiefe Asymptote ablesen. Bringen Sie die Funktion auf einen gemeinsamen Bruch.

Lösung:

$$h(x) = 1,5x - 3 - \frac{x-4}{x^2+1} = \frac{(1,5x-3)(x^2+1) - (x-4)}{x^2+1}$$

$$= \frac{1,5x^3 + 1,5x - 3x^2 - 3 - x + 4}{x^2+1} = \frac{1,5x^3 - 3x^2 + 0,5x + 1}{x^2+1}$$

3 Gegeben sind die drei Funktionen f, g und h mit:

$$f(x) = \frac{3(x-1)}{(x+2)(x-3)}$$ Zählergrad < Nennergrad

$$g(x) = \frac{3(x-1)}{(x+2)^2(x-3)}$$ Zählergrad < Nennergrad

$$h(x) = \frac{3(x-1)(x+2)}{(x+2)(x-3)}$$ Zählergrad = Nennergrad

Bearbeiten Sie für alle drei Funktionen jeweils die Aufgaben a bis e.

a Geben Sie den maximal zulässigen Definitionsbereich $\mathbb{D}$ an und erläutern Sie, ob Polstellen mit bzw. ohne Vorzeichenwechsel (VZW) vorliegen.

b Bestimmen Sie das Verhalten an den Rändern von $\mathbb{D}$.

c Geben Sie alle Asymptoten an.

d Berechnen Sie die Nullstelle.

e Skizzieren Sie den Graphen aufgrund aller Ergebnisse.

Lösung:

a **Funktion f:** $\mathbb{D} = \mathbb{R} \setminus \{-2; 3\}$

    $x = -2$: • einfache Nullstelle des Nenners $\Rightarrow$ Polstelle mit VZW
              • keine Nullstelle des Zählers

    $x = 3$: • einfache Nullstelle des Nenners $\Rightarrow$ Polstelle mit VZW
             • keine Nullstelle des Zählers

    Funktion g: $\mathbb{D} = \mathbb{R} \setminus \{-2; 3\}$

    $x = -2$: • doppelte Nullstelle des Nenners $\Rightarrow$ Polstelle ohne VZW
              • keine Nullstelle des Zählers

    $x = 3$: • einfache Nullstelle des Nenners $\Rightarrow$ Polstelle mit VZW
             • keine Nullstelle des Zählers

Funktion h: $\mathbb{D} = \mathbb{R} \backslash \{-2; 3\}$

$x = -2$: • einfache Nullstelle des Nenners $\Rightarrow$ stetig behebbare

 • einfache Nullstelle des Zählers   Definitionslücke

$x = 3$: • einfache Nullstelle des Nenners $\Rightarrow$ Polstelle mit VZW

 • keine Nullstelle des Zählers

Beachten Sie beim Kürzen von h(x), dass für

$$h(x) = \frac{3(x-1)(x+2)}{(x+2)(x-3)} = \frac{3(x-1)}{x-3}$$

ebenfalls $\mathbb{D} = \mathbb{R} \backslash \{-2; 3\}$ gilt!

b Funktion f:

$$\lim_{x \to \pm\infty} \frac{3(x-1)}{(x+2)(x-3)} = 0 \qquad \text{Zählergrad < Nennergrad}$$

$$\lim_{x \to -2^-} \frac{3(x-1)}{(x+2)(x-3)} = \frac{3(-3)}{0^- \cdot (-5)} = \frac{-9}{-0^-} = -\infty \qquad 0^- \text{ ist eine negative Zahl.}$$

$$\lim_{x \to -2^+} \frac{3(x-1)}{(x+2)(x-3)} = \frac{3(-3)}{0^+ \cdot (-5)} = \frac{-9}{-0^+} = +\infty \qquad 0^+ \text{ ist eine positive Zahl.}$$

$$\lim_{x \to 3^-} \frac{3(x-1)}{(x+2)(x-3)} = \frac{3(+2)}{(+5) \cdot 0^-} = \frac{6}{0^-} = -\infty$$

$$\lim_{x \to 3^+} \frac{3(x-1)}{(x+2)(x-3)} = \frac{3(+2)}{(+5) \cdot 0^+} = \frac{6}{0^+} = +\infty$$

Funktion g:

$$\lim_{x \to \pm\infty} \frac{3(x-1)}{(x+2)^2(x-3)} = 0 \qquad \text{Zählergrad < Nennergrad}$$

$$\lim_{x \to -2^-} \frac{3(x-1)}{(x+2)^2(x-3)} = \frac{3(-3)}{(0^-)^2 \cdot (-5)} = \frac{-9}{0^+ \cdot (-5)} = \frac{-9}{-0^+} = +\infty$$

$$\lim_{x \to -2^+} \frac{3(x-1)}{(x+2)^2(x-3)} = \frac{3(-3)}{(0^+)^2 \cdot (-5)} = \frac{-9}{0^+ \cdot (-5)} = \frac{-9}{-0^+} = +\infty$$

$$\lim_{x \to 3^-} \frac{3(x-1)}{(x+2)^2(x-3)} = \frac{3(+2)}{(+5)^2 \cdot 0^-} = \frac{6}{0^-} = -\infty$$

$$\lim_{x \to 3^+} \frac{3(x-1)}{(x+2)^2(x-3)} = \frac{3(+2)}{(+5)^2 \cdot 0^+} = \frac{6}{0^+} = +\infty$$

Funktion h:

$$\lim_{x \to \pm\infty} \frac{3(x-1)}{x-3} = \frac{3}{1} = 3 \qquad \text{Zählergrad = Nennergrad}$$

$$\lim_{x \to -2^-} \frac{3(x-1)}{x-3} = \frac{3(-3)}{-5} = \frac{-9}{-5} = 1,8 \qquad \text{die gekürzte Form reicht aus}$$

Vertiefe dein Wissen!

$$\lim_{x \to -2^+} \frac{3(x-1)}{x-3} = \frac{3(-3)}{-5} = \frac{-9}{-5} = 1{,}8 \qquad \text{„Loch" an der Stelle } (-2\,|\,1{,}8)$$

$$\lim_{x \to 3^-} \frac{3(x-1)}{x-3} = \frac{3(+2)}{0^-} = \frac{6}{0^-} = -\infty$$

$$\lim_{x \to 3^+} \frac{3(x-1)}{x-3} = \frac{3(+2)}{0^+} = \frac{6}{0^+} = +\infty$$

c **Funktion f:**

waagrechte Asymptote: $y=0$	Zählergrad < Nennergrad
senkrechte Asymptoten: $x=-2$	Pol mit VZW (siehe Teil a)
$x=3$	Pol mit VZW (siehe Teil a)

Funktion g:

waagrechte Asymptote: $y=0$	Zählergrad < Nennergrad
senkrechte Asymptoten: $x=-2$	Pol ohne VZW (siehe Teil a)
$x=3$	Pol mit VZW (siehe Teil a)

Funktion h:

waagrechte Asymptote: $y=3$	$\dfrac{a_m}{b_n} = \dfrac{3}{1} = 3$
senkrechte Asymptote: $x=3$	Pol mit VZW (siehe Teil a)

d Für alle Funktionen gilt:

$$3(x-1)=0 \quad \Rightarrow \quad x=1 \qquad \text{Nur Zähler gleich null setzen!}$$

e

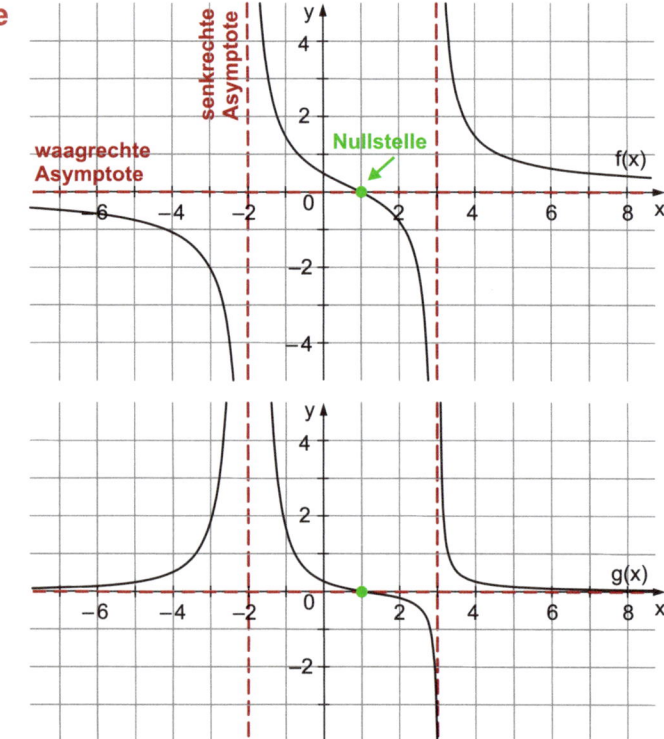

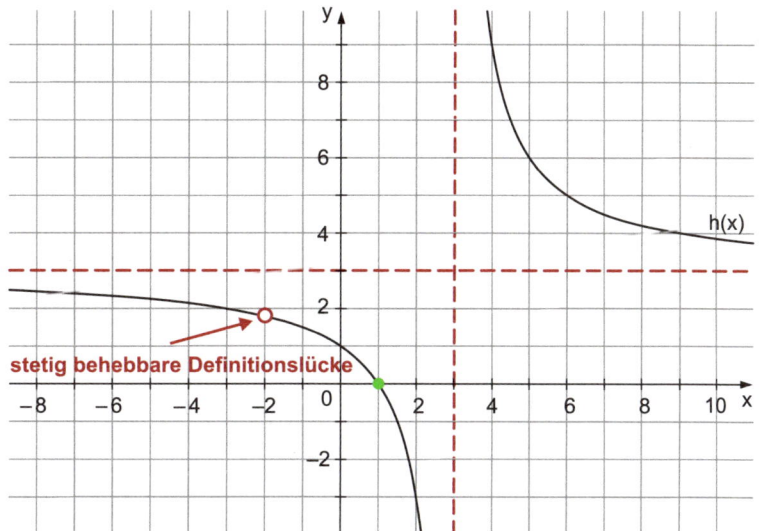

stetig behebbare Definitionslücke

18 Welcher Term A bis H ist zum Funktionsterm f, g, h, k äquivalent? Verbinden Sie.

$$f(x) = \frac{2x^3 + 13x^2 + 14x - 2}{2x(2x+5)}$$

A $\dfrac{2x^2 + x + 1}{3x(2x+5)}$

B $\dfrac{1}{2}x + 2 - \dfrac{3x-1}{x(2x+5)}$

$$g(x) = \frac{1}{3} - \frac{4x-1}{3x(2x+5)}$$

C $\dfrac{2x^4 + 3x^3 - 5x^2 + 3x - 1}{x(2x+5)}$

D $2x - 1 + \dfrac{4x+1}{x(2x+5)}$

$$h(x) = x^2 - x + \frac{3x-1}{x(2x+5)}$$

E $\dfrac{2x^4 + 3x^3 - 5x^2 + 3x - 1}{3x(2x+5)}$

F $\dfrac{2x^2 + x - 1}{3x(2x+5)}$

$$k(x) = \frac{4x^3 + 8x^2 - x + 1}{x(2x+5)}$$

G $\dfrac{1}{2}x + 2 - \dfrac{3x+1}{x(2x+5)}$

H $2x + 1 + \dfrac{4x+1}{x(2x+5)}$

Vertiefe dein Wissen!

19 Die Abbildungen zeigen vier der acht Funktionen a(x) bis h(x). Ordnen Sie den Abbildungen die entsprechenden Funktionsgleichungen zu:

TIPP
Bestimmen Sie zuerst die Nullstellen von a(x) bis h(x). Welche Polstellen liegen bei I bis IV vor?

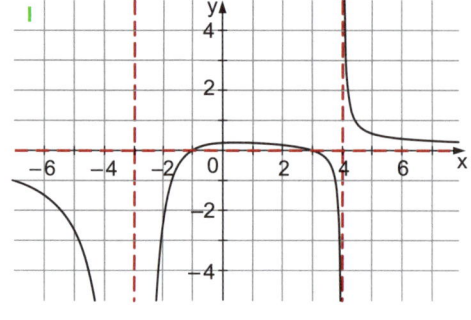

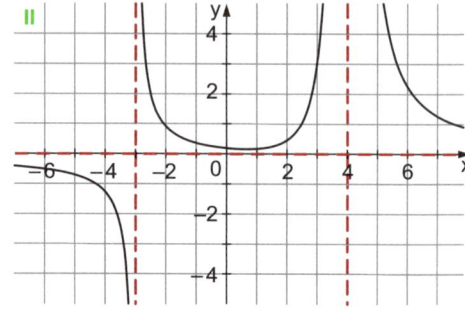

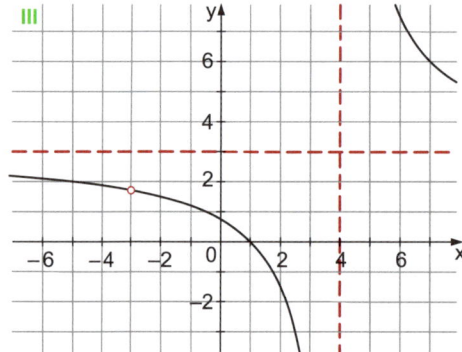

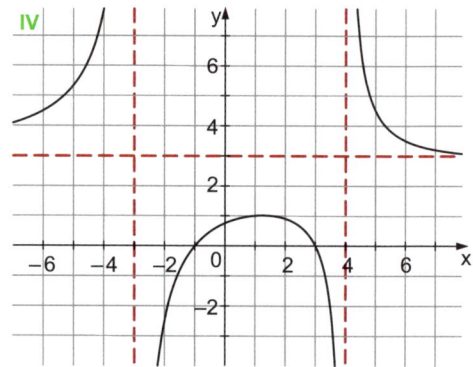

$a(x) = \dfrac{3(x^2 - 2x - 3)}{(x+3)(x-4)}$ $\quad$ $b(x) = \dfrac{3(x^2 - 2x + 3)}{(x+3)(x-4)}$ $\quad$ $c(x) = \dfrac{3(x^2 - 2x + 3)}{(x+3)^2(x-4)}$ $\quad$ $d(x) = \dfrac{3(x^2 + 2x - 3)}{(x+3)^2(x-4)}$

$e(x) = \dfrac{3(x^2 - 2x + 3)}{(x+3)(x-4)^2}$ $\quad$ $f(x) = \dfrac{3(x^2 + 2x - 3)}{(x+3)(x-4)^2}$ $\quad$ $g(x) = \dfrac{3(x^2 + 2x - 3)}{(x+3)(x-4)}$ $\quad$ $h(x) = \dfrac{3(x^2 - 2x - 3)}{(x+3)^2(x-4)}$

20 Für die Symmetrie ganzrationaler Funktionen gilt:

- achsensymmetrisch zur y-Achse, falls f(x) nur gerade Potenzen von x hat
- punktsymmetrisch zum Ursprung, falls f(x) nur ungerade Potenzen von x hat

Entwickeln Sie daraus entsprechende Regeln für gebrochenrationale Funktionen.

21 Bestimmen Sie für jede Funktion eine Stammfunktion.

a $f(x) = \dfrac{3}{x^4} - \dfrac{2}{x^3} + \dfrac{1}{x^2} - x^2 + 2x - 3$

b $g(x) = \dfrac{3x^3 - 4x^2 + 6x - 5}{x^2}$

c $h(x) = \dfrac{8x + 4}{(x-2)(x+3)}$

Vertiefe dein Wissen!

22 Gegeben ist die Funktion $f(x) = \dfrac{2(x^2-4)}{(x+4)^2}$.

a Geben Sie den maximal zulässigen Definitionsbereich $\mathbb{D}$ an.

b Bestimmen Sie das Verhalten von f(x) an den Rändern von $\mathbb{D}$.

c Geben Sie alle Asymptoten an.

d Berechnen Sie die Nullstellen von f(x).

e Bestimmen Sie Art und Lage des Extrempunkts.

f Geben Sie die Koordinaten des Wendepunkts an.

g Berechnen Sie f(4) und f(−8) und skizzieren Sie den Graphen aufgrund aller Ergebnisse.

h Geben Sie den Wertebereich an.

i Zeigen Sie, dass $F(x) = 2x - 16\ln(x+4) - \dfrac{24}{x+4}$ für $x > -4$ eine Stammfunktion von f(x) ist.

j Berechnen Sie die Fläche, die der Graph von f(x) mit der x-Achse einschließt.

23 Die Abbildung zeigt den Graphen der ganzrationalen Funktion g(x) mit Grad 4. f(x) ist die gebrochenrationale Funktion $f(x) = \dfrac{1}{g(x)}$.

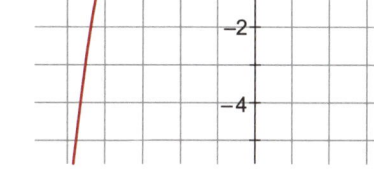

a Geben Sie die Definitionsmenge von f(x) an.

b Bestimmen Sie das Verhalten von f(x) an den Rändern von $\mathbb{D}$.

c Geben Sie alle Asymptoten von f(x) an.

d In welchen Intervallen ist f(x) positiv?

e Untersuchen Sie f(x) auf Nullstellen.

f Erläutern Sie, warum f(x) für die x-Werte Tiefpunkte besitzt, für die g(x) Hochpunkte hat.

g Leiten Sie die y-Werte der Tiefpunkte von f(x) näherungsweise aus g(x) ab.

h Skizzieren Sie den Graphen von f(x) aufgrund aller Ergebnisse.

24 Gesucht ist eine (möglichst einfache) gebrochenrationale Funktion f(x), die für x = −4 einen Pol mit Vorzeichenwechsel und die schiefe Asymptote y = 0,5x + 2 besitzt.

a Welcher Funktionsterm stellt die oben beschriebene Funktion dar? Es können mehrere richtig sein:

$f(x) = 0{,}5x + 2 + \dfrac{4x}{x+4}$	☐
$f(x) = \dfrac{x^2 + 8x + 24}{x - 4}$	☐
$f(x) = 0{,}5x + 2 + \dfrac{4}{x+4}$	☐
$f(x) = \dfrac{0{,}5x + 2}{x + 4}$	☐
$f(x) = 0{,}5x + 2 + \dfrac{4}{x-4}$	☐
$f(x) = \dfrac{x^2 + 8x + 24}{2(x+4)}$	☐

Der Term der schiefen Asymptote steht … wo noch mal?

Begründen Sie Ihre Entscheidung.

b Bestimmen Sie das Verhalten von f(x) bei Annäherung an x = −4.

c Untersuchen Sie die Funktion auf Nullstellen.

*d Geben Sie den Term einer Funktion g(x) an, die für x ≠ 4 mit f(x) übereinstimmt, für x = 4 jedoch nicht definiert ist.

*e Bestimmen Sie das Verhalten von g(x) bei Annäherung an x = 4.

25 Gegeben ist die Funktionenschar $f_a(x) = \dfrac{x^2 - ax}{x - 1}$ mit $\mathbb{D} = \mathbb{R} \setminus \{1\}$ und $a \in \mathbb{R} \setminus \{1\}$.

a Zeigen Sie, dass alle Scharfunktionen eine gemeinsame Nullstelle besitzen. Geben Sie auch die weitere Nullstelle an.

___TIPP
Es wird nach x differenziert, a ist eine Konstante.

b Geben Sie die Werte von a an, für die die Scharfunktionen Extremwerte besitzen.

c Bestimmen Sie auch die Art der Extremwerte.

Klausur 2

1

8 BE

Beschreiben und korrigieren Sie die Fehler, die Lukas beim Ableiten gemacht hat.

$$f(x) = \frac{x^2 - 3}{1 - 7x}$$

$$f'(x) = \frac{2x \cdot 1 - 7x - (x^2 - 3) \cdot 7}{(1 - 7x)^2} = \frac{-5x - 7x^2 + 21}{(1 - 7x)^2}$$

$$g(x) = \frac{2}{x^2 - 3}$$

$$g'(x) = \frac{(x^2 - 3) - 2(x^2 - 3)}{(x^2 - 3)^2} = \frac{1 - 2}{x^2 - 3} = -\frac{1}{x^2 - 3}$$

2

20 BE

Gegeben ist die Funktion $f(x) = \dfrac{12x - 2x^2}{x^2 - 6x + 5}$.

a Geben Sie den maximal zulässigen Definitionsbereich $\mathbb{D}$ an.

b Bestimmen Sie das Verhalten von $f(x)$ an den Rändern von $\mathbb{D}$.

c Geben Sie alle Asymptoten an.

d Berechnen Sie die Nullstellen von $f(x)$.

3

18 BE

Kreuzen Sie richtig an:

	Nullstelle $x = -1$	Asymptote $x = -1$	Asymptote $y = -1$	schiefe Asymptote
$a(x) = \dfrac{(x + 8)(1 - x)}{(x + 1)(8 - x)}$				
$b(x) = x - 1 - \dfrac{8}{(x + 1)}$				
$c(x) = \dfrac{8 - (x + 1)^3}{(x + 1)^2}$				
$d(x) = \dfrac{(x + 1)(x - 8)}{(1 - x)(x + 8)}$				

Teste dein Wissen!

4

35 BE

Gegeben ist die Funktion $f(x) = \dfrac{-2x}{x^2 - 9}$ mit maximalem Definitionsbereich. Die Abbildung zeigt einen Teil des Graphen von f.

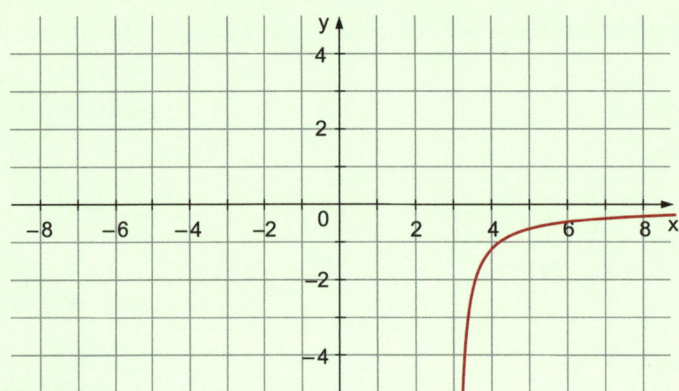

a Geben Sie den Definitionsbereich der Funktion an und untersuchen Sie die Funktion auf Symmetrie.

b Geben Sie die Nullstelle von f sowie die Gleichungen der drei Asymptoten an.

c Weisen Sie nach, dass f(x) auf ihrem kompletten Definitionsbereich streng monoton steigt. Berechnen Sie die Größe des Winkels, unter dem der Graph von f die x-Achse schneidet.

d Berechnen Sie f(–5) und skizzieren Sie in der obigen Abbildung den fehlenden Teil des Graphen von f(x) anhand der bisherigen Ergebnisse.

e Geben Sie eine Stammfunktion von f(x) an. Berechnen Sie die Fläche, die der Graph von f, die x-Achse und die Parallele zur y-Achse durch x = 2 einschließen.

 5

19 BE

Gegeben ist die Funktion $f(x) = \dfrac{x^2 - 2x}{x - 1}$ mit $\mathbb{D} = \mathbb{R} \setminus \{1\}$. Einen Ausschnitt des Graphen von f(x) sehen Sie in der nebenstehenden Abbildung. f(x) ist in $]1; +\infty[$ umkehrbar. Geben Sie Definitions- und Wertebereich sowie die Asymptoten der Umkehrfunktion an.

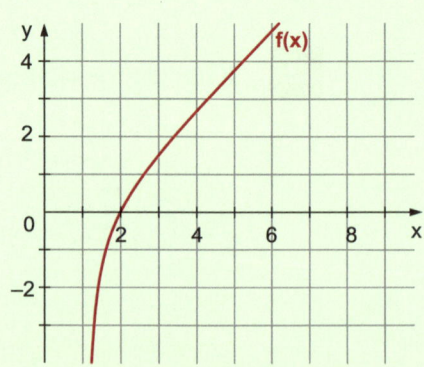

Punkteverteilung (NP $\triangleq$ Notenpunkte; BE $\triangleq$ Bewertungseinheiten):

NP	15	14	13	12	11	10	9	8	7	6	5	4	3	2	1	0
BE	100–96	95–91	90–86	85–81	80–76	75–71	70–66	65–61	60–56	55–51	50–46	45–41	40–35	34–28	27–21	20–0

Wurzelfunktion

1 Grundfunktion

„Quadrat und Wurzel heben sich auf" mag eine ganz gute Eselsbrücke sein, allerdings nur unter bestimmten Voraussetzungen. Richtig heißt es hier:

$$\sqrt{(7x-5)^2} = |\,7x-5\,|$$

Warum der Absolutbetrag nötig ist, erkennt man, wenn man den Graphen von $g(x) = x^2$ betrachtet (siehe Abbildung unten rechts). Der Wert a^2 ergibt sich sowohl durch $(+a)^2$ als auch durch $(-a)^2$.

Die Funktion $g(x) = x^2$ erfüllt nicht im gesamten Definitionsbereich $\mathbb{R}$ die Monotoniebedingung für eine Umkehrung.

Beschränkt man sich jedoch auf den **Definitionsbereich $\mathbb{R}_0^+$**, so ist g(x) in diesem Intervall streng monoton steigend und somit umkehrbar. Die **Umkehrfunktion** lautet $\mathbf{f(x) = \sqrt{x}}$. Sie hat den Definitionsbereich $\mathbb{R}_0^+$, da dies die Wertemenge von $g(x) = x^2$ ist. Der Graph von f(x) entsteht durch Spiegelung des Graphen von g(x) an der Winkelhalbierenden $y = x$.

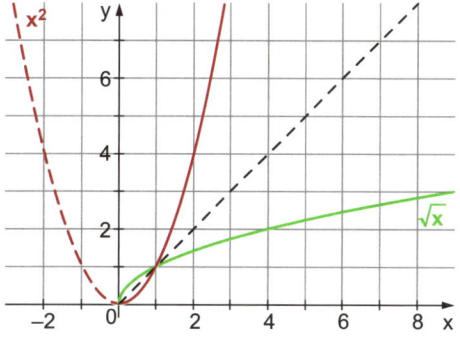

Vertiefe dein Wissen!

WISSEN

- Funktion: $f(x) = \sqrt{x}$

- Definitionsbereich: $\mathbb{D} = \mathbb{R}_0^+$

- Verhalten an den Rändern: $f(0) = 0$ und $\lim\limits_{x \to +\infty} f(x) = +\infty$

- Wertebereich: $\mathbb{W} = \mathbb{R}_0^+$

- Symmetrie zum KOSY: keine

- Nullstellen: $f(0) = 0$

- Ableitung: $f'(x) = \dfrac{1}{2\sqrt{x}}$ mit $x \neq 0$

- Monotonie: streng monoton steigend

- Stammfunktion: $F(x) = \dfrac{2}{3} x \sqrt{x} + C$

- Umkehrfunktion: $f^{-1}(x) = x^2$ mit $\mathbb{D}_{f^{-1}} = \mathbb{R}_0^+$ und $\mathbb{W}_{f^{-1}} = \mathbb{R}_0^+$

Besonderheiten:

- $f(x)$ besitzt keine Asymptoten. „Der Graph läuft immer weiter ins Unendliche."

- Besonderer Punkt: $f(1) = 1$

- Die Ableitung $f'(x)$ ergibt sich durch Umformung des Funktionsterms und Anwendung der Ableitungsformel für Potenzen:

$$f(x) = \sqrt{x} = x^{\frac{1}{2}}$$

$$f'(x) = \frac{1}{2} x^{-\frac{1}{2}}$$

$$= \frac{1}{2x^{\frac{1}{2}}} = \frac{1}{2\sqrt{x}}$$

Für Potenzen mit negativen Zahlen als Exponenten gilt:

$$a^{-n} = \frac{1}{a^n}$$

- Die Stammfunktion $F(x)$ ergibt sich durch Umformung des Funktionsterms und Anwendung der Integrationsformel für Potenzen:

$$f(x) = \sqrt{x} = x^{\frac{1}{2}}$$

$$F(x) = \int x^{\frac{1}{2}} \, dx$$

$$= \frac{1}{\frac{1}{2}+1} x^{\frac{1}{2}+1} + C$$

$$= \frac{1}{\frac{3}{2}} x^{\frac{3}{2}} + C$$

$$= \frac{2}{3} \sqrt{x^3} + C = \frac{2}{3} x \sqrt{x} + C$$

Beim teilweisen Radizieren wird der Radikand x^3 so in ein Produkt zerlegt, dass ein Faktor eine Potenz mit Exponent 2 ist. Dieser Faktor wird dann aus der Wurzel herausgezogen und mit Exponent 1 vor die Wurzel geschrieben:

$$\sqrt{x^3} = \sqrt{x^2 \cdot x} = x \cdot \sqrt{x}$$

2 Wurzelfunktion mit Verkettung

Mit dem Wissen um die Eigenschaften der „einfachen" Wurzelfunktion lassen sich auch die Eigenschaften anderer Wurzelfunktionen bestimmen. Bei diesen Funktionen steht unter der Wurzel nicht nur x.

WISSEN

- Funktion: $f(x) = \sqrt{g(x)}$

- Definitionsbereich: $f(x)$ ist definiert für alle x, für die $g(x) \geq 0$ gilt

- Verhalten an den Rändern: abhängig vom Verhalten von $g(x)$ an den Rändern von $\mathbb{D}_f$:
$$\lim_{x \to x_0} f(x) = \sqrt{\lim_{x \to x_0} g(x)}$$

- Nullstellen: $f(x) = 0$, wenn $g(x) = 0$

- Ableitung: $f'(x) = \dfrac{1}{2\sqrt{g(x)}} \cdot g'(x)$ mit $g(x) \neq 0$

- Monotonie: abhängig vom Vorzeichen von $g'(x)$ in $\mathbb{D}_f$, da $2\sqrt{g(x)} > 0$

Besonderheiten:
- Besonderer Punkt:
  $f(x) = 1$, wenn $g(x) = 1$

- Der Wertebereich von $f(x)$, eventuell vorhandene Asymptoten und ggf. Symmetrie ergeben sich ebenso wie Stamm- und Umkehrfunktion aus den Eigenschaften der Funktion $g(x)$.

BEISPIEL

1 Gegeben ist die Funktion $f(x) = \sqrt{x^2 - 9} + 7$. Bestimmen Sie den Definitionsbereich und das Verhalten an den Rändern des Definitionsbereichs. Lässt sich damit auch der Wertebereich angeben? Begründen Sie Ihre Antwort.

Lösung:
Definitionsbereich:
$$x^2 - 9 \geq 0 \implies x^2 \geq 9 \implies x \geq 3 \text{ oder } x \leq -3$$
$$\implies \mathbb{D} =]-\infty; -3] \cup [3; \infty[= \mathbb{R} \setminus]-3; 3[$$

Verhalten an den Rändern des Definitionsbereichs:
$$\lim_{x \to +\infty} \sqrt{x^2 - 9} + 7 = \sqrt{(+\infty)^2 - 9} + 7 = \sqrt{+\infty} + 7 = +\infty$$

$$\lim_{x \to -\infty} \sqrt{x^2 - 9} + 7 = \sqrt{(-\infty)^2 - 9} + 7 = \sqrt{+\infty} + 7 = +\infty$$

$$\lim_{x \to +3} \sqrt{x^2 - 9} + 7 = \sqrt{(+3)^2 - 9} + 7 = \sqrt{0} + 7 = 7$$

$$\lim_{x \to -3} \sqrt{x^2 - 9} + 7 = \sqrt{(-3)^2 - 9} + 7 = \sqrt{0} + 7 = 7$$

Aus den Limeswerten ergibt sich das Intervall $[7; +\infty[$. Im Allgemeinen lässt sich die Wertemenge erst angeben, wenn eine Monotonie-Untersuchung stattgefunden hat, sodass eventuelle Extrempunkte berücksichtigt werden können, deren y-Werte außerhalb des durch die Limeswerte vorgegebenen Intervalls liegen. Im vorliegenden Beispiel weiß man jedoch, dass $\sqrt{x^2 - 9}$ nur nicht-negative Werte annehmen kann ($\sqrt{x^2 - 9} \geq 0$). Somit wird zu 7 immer etwas hinzuaddiert, weshalb es keine kleineren y-Werte als 7 geben kann. Darum gilt hier $\mathbb{W} = [7; +\infty[$.

2 Bestimmen Sie für die Funktion $f(x) = \sqrt{2x^2 - 5x}$ den Definitionsbereich und die 1. Ableitung.

Lösung:
Definitionsbereich: $2x^2 - 5x \geq 0 \Rightarrow x(2x - 5) \geq 0$

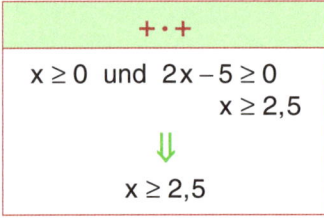 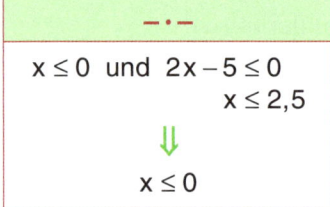

$+ \cdot +$
$x \geq 0$ und $2x - 5 \geq 0$
$x \geq 2{,}5$
$\Downarrow$
$x \geq 2{,}5$

$- \cdot -$
$x \leq 0$ und $2x - 5 \leq 0$
$x \leq 2{,}5$
$\Downarrow$
$x \leq 0$

Für $+ \cdot +$ und $- \cdot -$ ergibt sich ein positiver Wert.

$\Rightarrow \quad \mathbb{D} =]-\infty; 0] \cup [2{,}5; +\infty[= \mathbb{R} \setminus]0; 2{,}5[$

1. Ableitung:

$$f'(x) = \frac{1}{2\sqrt{2x^2 - 5x}} \cdot (4x - 5)$$

Der Radikand, also das, was unter der Wurzel steht, muss **nachdifferenziert** werden:
$(2x^2 - 5x)' = 4x - 5$

$$= \frac{4x - 5}{2\sqrt{2x^2 - 5x}}$$

26 Beschreiben Sie, wie sich der Graph pro Schritt aus $f(x) = \sqrt{x}$ entwickelt. Geben Sie bei jedem Schritt auch den Definitions- und den Wertebereich an.

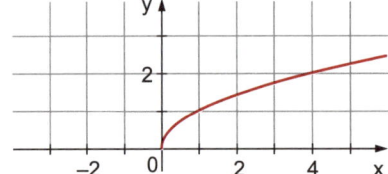

$f(x) = \sqrt{x}$

$\mathbb{D} = \underline{\hspace{2cm}} \qquad \mathbb{W} = \underline{\hspace{2cm}}$

Vertiefe dein Wissen!

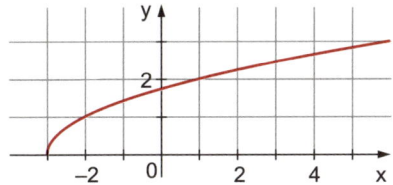

Der Graph wird _____

_____ .

$g(x) =$ _____

$\mathbb{D} =$ _____ $\mathbb{W} =$ _____

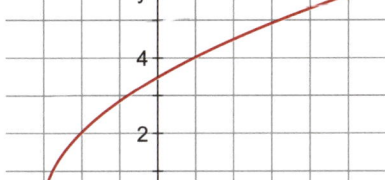

Der Graph wird _____

_____ .

$h(x) =$ _____

$\mathbb{D} =$ _____ $\mathbb{W} =$ _____

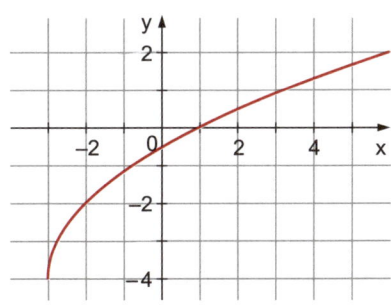

Der Graph wird _____

_____ .

$i(x) =$ _____

$\mathbb{D} =$ _____ $\mathbb{W} =$ _____

27 Bilden Sie für die folgenden Funktionen jeweils die 1. Ableitung und vereinfachen Sie sie so weit wie möglich.

a $f_1(x) = \sqrt{3x - 1}$

b $f_2(x) = \sqrt{3x^2 + 7x}$

c $f_3(x) = 7\sqrt{1 - x}$

*d $f_4(x) = \dfrac{\sqrt{x}}{x}$

*e $f_5(x) = 2x\sqrt{x}$

*f $f_a(x) = 2ax^2 - \sqrt{a^2x - ax^2}$

28 Gegeben ist die Funktion $f(x) = -\dfrac{1}{2}\sqrt{2x + 6} + 3$.

a   Geben Sie den Definitionsbereich $\mathbb{D}$ an.

b   Bestimmen Sie das Verhalten der Funktion an den Rändern von $\mathbb{D}$.

c   Zeigen Sie, dass die Funktion in ganz $\mathbb{D}$ streng monoton fallend ist.

d   Geben Sie den Term der zu $f(x)$ gehörigen Umkehrfunktion $f^{-1}(x)$ sowie deren Definitions- und Wertebereich an.

Vertiefe dein Wissen!

29 Gegeben sind acht Funktionen und acht Funktionsgraphen. Ordnen Sie richtig zu, indem Sie die Definitions- und die Wertebereiche der Funktionen betrachten.

$f_1(x) = \sqrt{3-x} + 2$

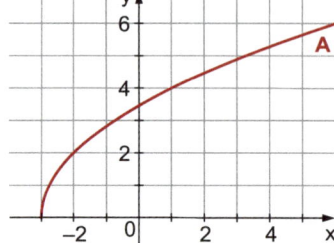

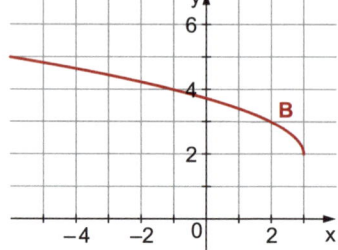

$f_2(x) = -3\sqrt{x} + 2$

$f_3(x) = 3 - \sqrt{x+2}$

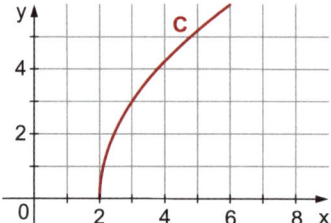

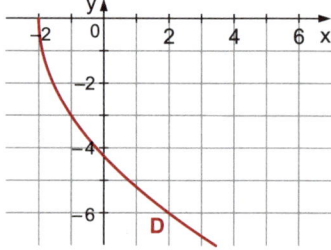

$f_4(x) = 3\sqrt{x-2}$

$f_5(x) = \sqrt{x+3} - 2$

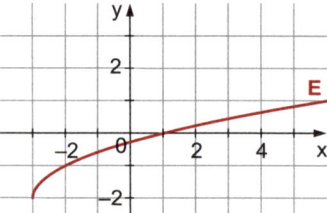

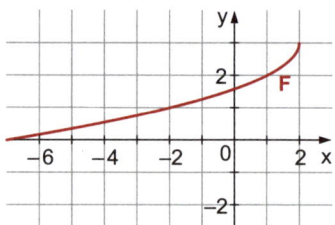

$f_6(x) = 2\sqrt{x+3}$

$f_7(x) = -2\sqrt{x-3}$

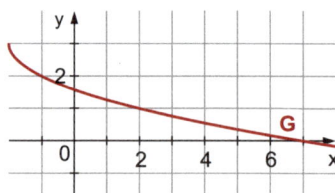

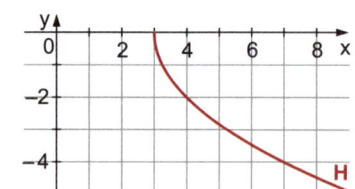

$f_8(x) = 3 - \sqrt{2-x}$

30 Gegeben ist die Funktion $f(x) = 6x\sqrt{4-x^2}$.

a Geben Sie den Definitionsbereich an.

b Untersuchen Sie die Funktion auf Symmetrie zum Koordinatensystem.

c Besitzt die Funktion Extrempunkte? Falls ja, geben Sie auch ihre Art an.

d Skizzieren Sie den Graphen der Funktion.

*e Zeigen Sie, dass $F(x) = -2(\sqrt{4-x^2})^3 - 2$ eine Stammfunktion, aber keine Integralfunktion von $f(x)$ ist.

31 Gegeben ist die Funktion $f(x) = \sqrt{-x^2 + 4x + 5}$.

   a Geben Sie den Definitionsbereich an.

   b Berechnen Sie die Nullstellen der Funktion.

   c Bestimmen Sie die Extrempunkte der Funktion und geben Sie auch ihre Art an.

   d Zeigen Sie, dass für jeden Punkt $P(p_1 \mid p_2)$ auf dem Graphen gilt:
$(p_1 - 2)^2 + p_2^2 = 9$
Was besagt dies über den Graphen von $f(x)$?

32 Im Folgenden sind die Graphen der vier Funktionen
$$f(x) = 2 + \sqrt{x} \qquad g(x) = 2 - \sqrt{x} \qquad h(x) = 2\sqrt{x} \qquad k(x) = \frac{2}{\sqrt{x}}$$

sowie ihrer Ableitungen abgebildet. Ordnen Sie jedem Graphen seine Funktion bzw. Ableitungsfunktion zu (1 Kästchen $\triangleq$ 1 Einheit):

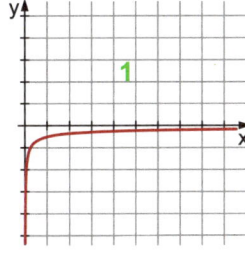 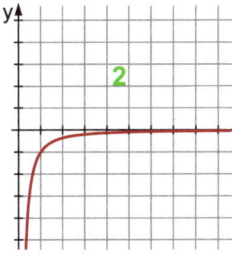 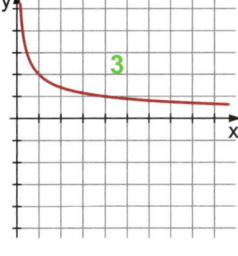 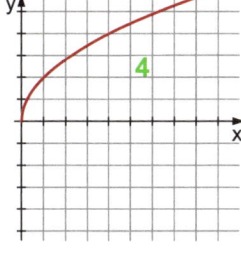

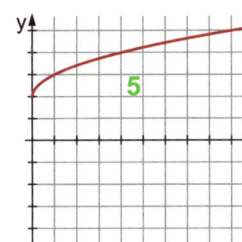 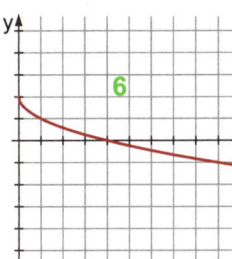 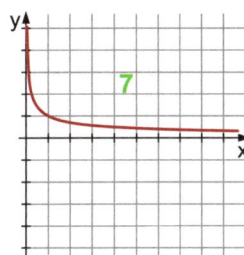 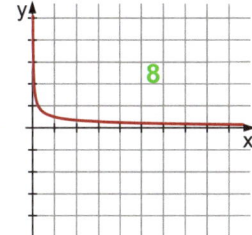

33 Gegeben ist die Funktion $f(x) = 2x(3 - \sqrt{x})$ mit dem Definitionsbereich $\mathbb{D} = \mathbb{R}_0^+$.

   a Berechnen Sie die Nullstellen der Funktion.

   b Bestimmen Sie das Verhalten der Funktion an den Rändern von $\mathbb{D}$.

   c Untersuchen Sie die Funktion auf Extremwerte.

   d Zeigen Sie, dass $F(x) = x^2\left(3 - \frac{4}{5}\sqrt{x}\right)$ eine Stammfunktion zu $f(x)$ ist.

   e Berechnen Sie die Fläche, die der Graph von $f(x)$ mit der x-Achse einschließt.

Vertiefe dein Wissen!

 **Klausur 3**

1

24 BE

a Lediglich vier der sechs Funktionen sind grafisch dargestellt. Ordnen Sie zu.

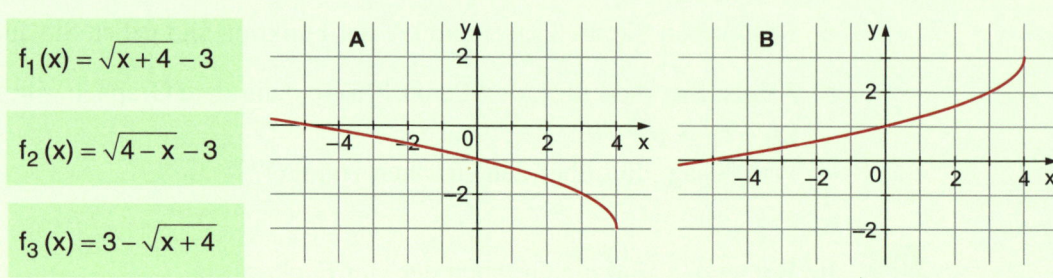

$f_1(x) = \sqrt{x+4} - 3$

$f_2(x) = \sqrt{4-x} - 3$

$f_3(x) = 3 - \sqrt{x+4}$

$f_4(x) = \sqrt{x-4} + 3$

$f_5(x) = -3 - \sqrt{x-4}$

$f_6(x) = 3 - \sqrt{4-x}$

b Bilden Sie zudem die 1. Ableitung der Funktionen $f_1(x)$ und $f_2(x)$.

2

29 BE

Gegeben ist die Funktion $f(x) = 3\sqrt{x+2} - 2$ mit $\mathbb{D} = [-2; +\infty[$.

a Zeigen Sie, dass f(x) in ganz $\mathbb{D}$ umkehrbar ist.

b Geben Sie den Term der Umkehrfunktion sowie deren Definitions- und Wertebereich an.

c Zeigen Sie, dass f(x) und $f^{-1}(x)$ genau zwei Schnittpunkte besitzen, und geben Sie ihre Koordinaten an.

d Berechnen Sie f(–1) und f(2) und skizzieren Sie die Graphen von Funktion und Umkehrfunktion mithilfe aller bisherigen Ergebnisse in ein Koordinatensystem.

3

19 BE

Zeigen Sie, dass sich $F(x) = 2x + 1 - \sqrt{2x+1}$ mit $\mathbb{D} = [-0{,}5; +\infty[$ auf zwei Arten als Integralfunktion schreiben lässt.

Punkteverteilung (NP $\triangleq$ Notenpunkte; BE $\triangleq$ Bewertungseinheiten):

NP	15	14	13	12	11	10	9	8	7	6	5	4	3	2	1	0
BE	72–70	69–66	65–62	61–59	58–55	54–51	50–48	47–44	43–40	39–37	36–33	32–29	28–25	24–20	19–15	14–0

Sinus- und Cosinus-Funktion

Es gibt zwei Fragen, auf die man fast immer eine Antwort in Zeichensprache erhält:

- „Was ist eine Wendeltreppe?"
  - ⇒ Der Finger schraubt sich in die Höhe.
- „Was ist eine Sinuskurve?"
  - ⇒ Der Finger vollführt ein gleichmäßig von links nach rechts wanderndes Auf und Ab.

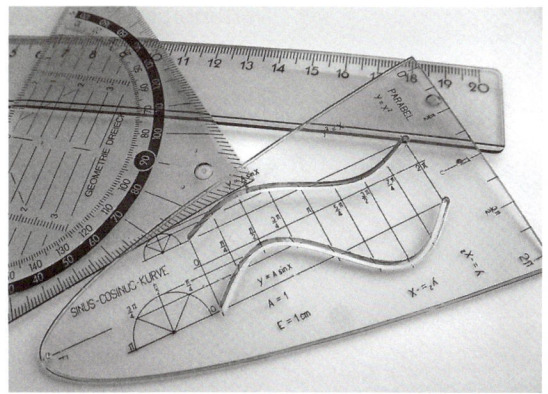

Dieses stetige Auf und Ab zeigt auch die „Sinus-Cosinus-Kurve" auf der Schablone im Bild. Sie bildet sowohl eine Periode der Länge 2π des Graphen von $\sin x$ als auch des Graphen von $\cos x$ ab, da die beiden Graphen durch eine Verschiebung um $\frac{\pi}{2}$ auseinander hervorgehen.

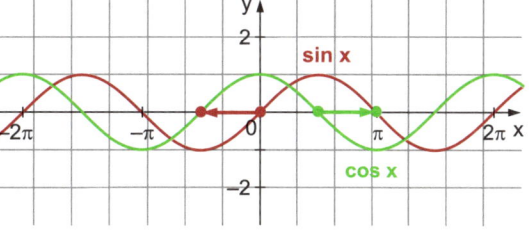

Sinus-Funktion:

WISSEN

- Funktion: $f(x) = \sin x$
- Definitionsbereich: $\mathbb{D} = \mathbb{R}$
- Wertebereich: $\mathbb{W} = [-1;\, 1]$
- Symmetrie zum KOSY: punktsymmetrisch zum Ursprung
- Nullstellen: $x = k \cdot \pi$ mit $k \in \mathbb{Z}$
- Ableitung: $f'(x) = \cos x$
- Monotonie: streng monoton steigend in $\left]-\frac{\pi}{2}+k\cdot 2\pi;\, \frac{\pi}{2}+k\cdot 2\pi\right[$

                   streng monoton fallend in $\left]\frac{\pi}{2}+k\cdot 2\pi;\, \frac{3\pi}{2}+k\cdot 2\pi\right[$
- Stammfunktion: $F(x) = -\cos x + C$

Vertiefe dein Wissen!

Cosinus-Funktion:

WISSEN

- Funktion: $f(x) = \cos x$

- Definitionsbereich: $\mathbb{D} = \mathbb{R}$

- Wertebereich: $\mathbb{W} = [-1; 1]$

- Symmetrie zum KOSY: achsensymmetrisch zur y-Achse

- Nullstellen: $x = \dfrac{\pi}{2} + k \cdot \pi$ mit $k \in \mathbb{Z}$

- Ableitung: $f'(x) = -\sin x$

- Monotonie: streng monoton steigend in $]\,\pi + k \cdot 2\pi;\, 2\pi + k \cdot 2\pi\,[$
  streng monoton fallend in $]\,0 + k \cdot 2\pi;\, \pi + k \cdot 2\pi\,[$

- Stammfunktion: $F(x) = \sin x + C$

Besonderheiten:

- $\sin x$ und $\cos x$ sind periodische Funktionen, d. h., der Graph besteht aus einem sich ständig wiederholenden Kurvenstück. Die Länge der Periode beträgt 2π. Die Amplitude (maximaler Ausschlag nach oben bzw. unten) beträgt 1.

- In $\mathbf{A \cdot \sin(ax + b)}$ bzw. $\mathbf{A \cdot \cos(ax + b)}$ gibt $|\mathbf{A}|$ die **Amplitude** und $\mathbf{p} = \dfrac{2\pi}{|\mathbf{a}|}$ die **Periode** der Funktion an.

Die Grundeinstellungen fast jedes Taschenrechners bewirken, dass der Rechner bei der Eingabe von $\sin 1$ den Wert von $\sin 1°$ berechnet. Sie erkennen das an einem (winzigen) D oder auch DEG im Display. Stellen Sie daher Ihren Rechner so um, dass er R oder RAD anzeigt und somit bei Eingabe von „$\sin x$" das x als reelle Zahl erkennt. Die wichtigsten Werte sind:

WISSEN
---

x	$0°$	$30°$	$45°$	$60°$	$90°$	**in DEG**
	0	$\dfrac{\pi}{6}$	$\dfrac{\pi}{4}$	$\dfrac{\pi}{3}$	$\dfrac{\pi}{2}$	**in RAD**
$\sin x$	0	$\dfrac{1}{2}$	$\dfrac{1}{2}\sqrt{2}$	$\dfrac{1}{2}\sqrt{3}$	1	
$\cos x$	1	$\dfrac{1}{2}\sqrt{3}$	$\dfrac{1}{2}\sqrt{2}$	$\dfrac{1}{2}$	0	

Zum Lösen der Gleichung $\sin x = a$ geben Sie **shift $\rightarrow$ sin $\rightarrow$ a** in Ihren Taschenrechner ein. Er liefert Ihnen dann einen Wert zwischen $[-\frac{\pi}{2}; \frac{\pi}{2}]$.

Vertiefe dein Wissen!

Zum Lösen der Gleichung **cos x = b** geben Sie **shift → cos → b** in Ihren Taschenrechner ein. Er liefert Ihnen dann einen Wert zwischen $[0; \pi]$.

In beiden Fällen gibt es jedoch noch unendlich viele andere Lösungen. Die meisten Gleichungen lassen sich aber mit den oben genannten Werten und einer Skizze lösen, in der der Graph von sin x bzw. cos x im geforderten Definitionsbereich gezeichnet ist. Diese Skizze zeigt Ihnen dann zudem alle möglichen Lösungen der Gleichung – also auch die, die der Taschenrechner nicht bietet. Im Folgenden finden Sie Skizzen für $\mathbb{D} = [-2\pi; 2\pi]$:

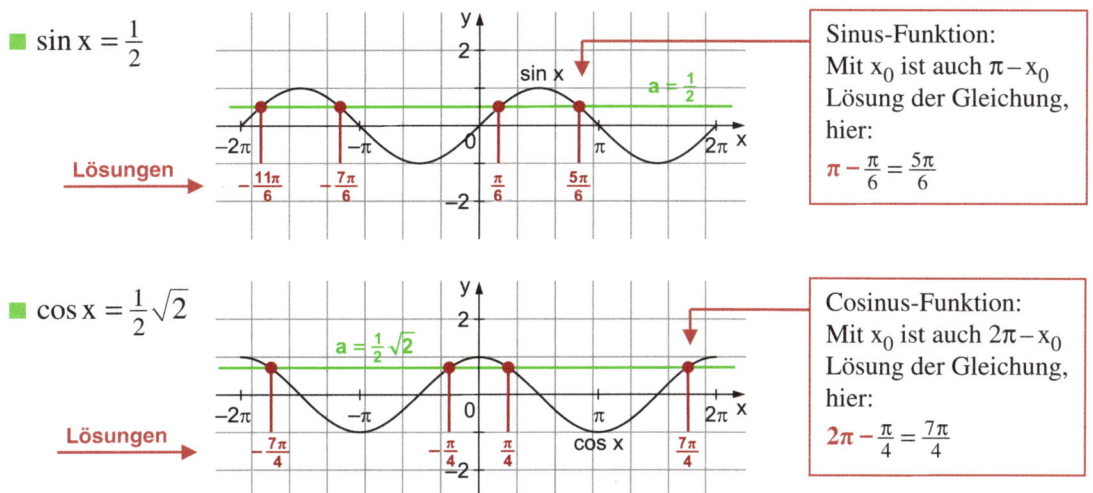

- $\sin x = \frac{1}{2}$

  Lösungen: $-\frac{11\pi}{6}$, $-\frac{7\pi}{6}$, $\frac{\pi}{6}$, $\frac{5\pi}{6}$

  Sinus-Funktion:
  Mit x_0 ist auch $\pi - x_0$ Lösung der Gleichung, hier:
  $$\pi - \frac{\pi}{6} = \frac{5\pi}{6}$$

- $\cos x = \frac{1}{2}\sqrt{2}$

  Lösungen: $-\frac{7\pi}{4}$, $-\frac{\pi}{4}$, $\frac{\pi}{4}$, $\frac{7\pi}{4}$

  Cosinus-Funktion:
  Mit x_0 ist auch $2\pi - x_0$ Lösung der Gleichung, hier:
  $$2\pi - \frac{\pi}{4} = \frac{7\pi}{4}$$

Zusammenhänge zwischen sin x und cos x:

WISSEN

- $\sin x = \cos\left(x - \frac{\pi}{2}\right)$

- $\cos x = \sin\left(x + \frac{\pi}{2}\right)$

- $\sin x = \cos x \;\Rightarrow\; x = \frac{\pi}{4} + k \cdot \pi$

- $\sin x = -\cos x \;\Rightarrow\; x = \frac{3\pi}{4} + k \cdot \pi$

- $(\sin x)^2 + (\cos x)^2 = 1$

  mit $k \in \mathbb{Z}$

BEISPIEL

1 Gegeben sind drei Abbildungen. In einer wurde der Graph der Sinusfunktion entlang der y-Achse verschoben, in einer in y-Richtung gedehnt bzw. gestaucht und in einer in x-Richtung gedehnt bzw. gestaucht. In welcher Abbildung wurde was gemacht? Geben Sie auch alle Funktionsgleichungen an.

Vertiefe dein Wissen!

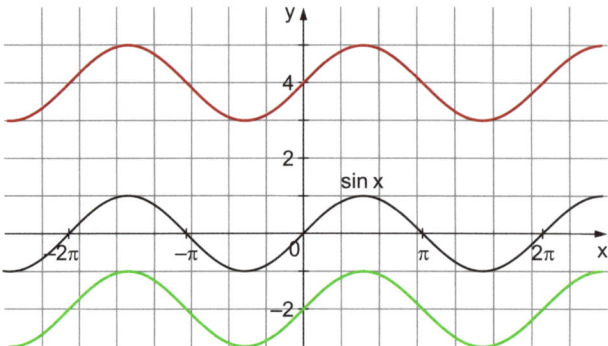

$$g(x) = \sin x + 4$$

$$h(x) = \sin x - 2$$

Der Graph der Sinusfunktion wurde *entlang der y-Achse um 4 nach oben (g(x)) bzw. um 2 nach unten (h(x)) verschoben* .

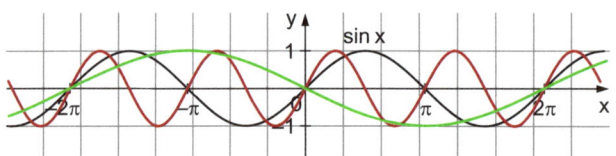

$$g(x) = \sin(2x)$$

$$h(x) = \sin(-0,5x)$$

Der Graph der Sinusfunktion wurde *bei g(x) mit dem Faktor $\frac{1}{2}$ in x-Richtung gestaucht und bei h(x) mit dem Faktor $\frac{1}{0,5} = 2$ gedehnt und gleichzeitig an der x-Achse gespiegelt. Damit ändert sich die Periode* .

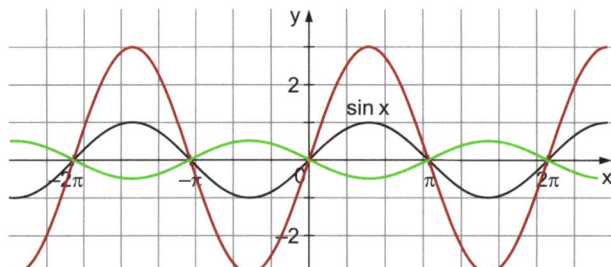

$$g(x) = 3\sin x$$

$$h(x) = -0,5\sin x$$

Der Graph der Sinusfunktion wurde *bei g(x) mit dem Faktor 3 in y-Richtung gedehnt und bei h(x) mit dem Faktor 0,5 gestaucht und gleichzeitig an der x-Achse gespiegelt. Damit ändert sich die Amplitude* .

2 Bestimmen Sie jeweils Amplitude und Periode der Funktion.

Funktion	$f(x) = -3\sin x$	$g(x) = 0,5 \cdot \cos(2x)$	$h(x) = \cos(-0,5x)$
Amplitude			
Periode			

Lösung:

Funktion	$f(x) = -3\sin x$	$g(x) = 0{,}5 \cdot \cos(2x)$	$h(x) = \cos(-0{,}5x)$
Amplitude	3	0,5	1
Periode	2π	$\dfrac{2\pi}{2} = \pi$	$\dfrac{2\pi}{|-0{,}5|} = 4\pi$

3 Geben Sie den Term einer periodischen und in $\mathbb{R}$ definierten Funktion an, die die Wertemenge $\mathbb{W} = [-4; 4]$ besitzt.

Lösung:
$f(x) = 4 \cdot \sin x$
oder: $g(x) = 4 \cdot \cos x$

Anmerkung: Es sind viele weitere Lösungen wie z. B. $-4 \cdot \sin x$ oder $4 \cdot \cos(2x)$ möglich.

Es ist die Wertemenge gegeben, also die Menge aller angenommenen y-Werte. Sie gibt einen Hinweis auf die Amplitude der Funktion.

4 Gegeben ist die Funktion $f(x) = (\cos x)^2$ mit $\mathbb{D} = [0; 2\pi]$. Bestimmen Sie alle fünf Extremstellen.

Lösung:
$f'(x) = 2\cos x \cdot (-\sin x) = -2\cos x \sin x$

$f'(x) = 0 \quad \Rightarrow \quad -2\cos x \sin x = 0$
$\qquad\qquad \Rightarrow \quad \cos x = 0 \quad \text{oder} \quad \sin x = 0$

Aus $\cos x = 0$ folgt: $x_1 = \dfrac{\pi}{2}$; $x_2 = \dfrac{3\pi}{2}$

Aus $\sin x = 0$ folgt: $x_3 = 0$; $x_4 = \pi$; $x_5 = 2\pi$

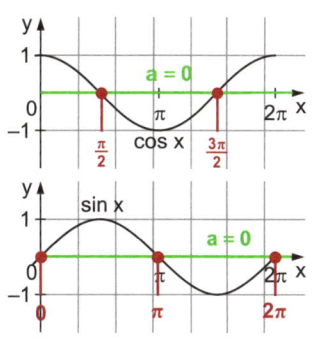

5 Tobias soll angeben, wie aus $f(x) = \cos x$ die Funktion $g(x) = \cos(2x + \pi)$ entstanden ist. Helfen Sie ihm dabei.

Lösung:

Man muss $\cos(ax + b)$ umformen in:

Dehnung / Stauchung um $\dfrac{1}{a}$ in x-Richtung

$$\cos\left[a\left(x + \frac{b}{a}\right)\right]$$

Verschiebung um $-\dfrac{b}{a}$ in x-Richtung

Also:
$$g(x) = \cos(2x + \pi) = \cos[2(x + 0{,}5\pi)]$$

Die Funktion $f(x)$ wurde mit $\dfrac{1}{2} = 0{,}5$ in x-Richtung gestaucht (daher Periode π) und um $0{,}5\pi$ entlang der x-Achse in negative Richtung verschoben.

Hinweis: Die Länge der Periode zu bestimmen, ist nicht verlangt.

34 Ordnen Sie richtig zu. Verbinden Sie mit Linien.

TIPP
Es gibt auch Amplituden bzw. Perioden, die nicht zu f bis k gehören.

$$f(x) = 2\sin(-3x)$$

| Amplitude 1 | Periode $\frac{3}{2}\pi$ |

| Amplitude 8 | Periode 1 |

$$g(x) = -\frac{1}{8}\cos(2x)$$

| Amplitude 2 | Periode π |

| Amplitude 5 | Periode 6π |

$$h(x) = -\sin(0,5x)$$

| Amplitude −1 | Periode $\frac{2}{3}\pi$ |

| Amplitude 0,5 | Periode 4π |

$$k(x) = 5\cos\left(\frac{1}{3}x\right)$$

| Amplitude $\frac{1}{8}$ | Periode 3π |

| Amplitude $-\frac{1}{8}$ | Periode $\frac{1}{3}\pi$ |

35 **a** Vervollständigen Sie die Tabelle.

Funktion	$f(x) = \sin\left(\boxed{}\, x - 2\right)$	$g(x) = \boxed{} \cdot \cos\left(\boxed{}\, x\right)$
Amplitude		3
Periode	5π	$\frac{2}{3}\pi$

*** b** Wie viele verschiedene Lösungsmöglichkeiten kommen für die Funktion g(x) infrage?

36 Vereinfachen Sie die folgenden Funktionsterme:

a $f(x) = (\cos x)^3 + (\sin x)^2 \cdot \cos x$

b $g(x) = \sqrt{1 - \sin x} \cdot \sqrt{1 + \sin x}$

c $h(x) = (\sin x)^4 - (\cos x)^4$

Vertiefe dein Wissen!

37 Beschreiben Sie, wie sich der Graph von $k(x) = 2\sin(0,5x - 0,5\pi) + 2$ aus dem Graphen von $f(x) = \sin x$ entwickelt. Geben Sie bei jedem der vier Schritte den neuen Funktionsterm, die zugehörige Periode und die Wertemenge an.

38 Die Abbildung zeigt die Graphen dreier Cosinus-Funktionen. Geben Sie zu jedem Graphen eine passende Funktionsgleichung an.

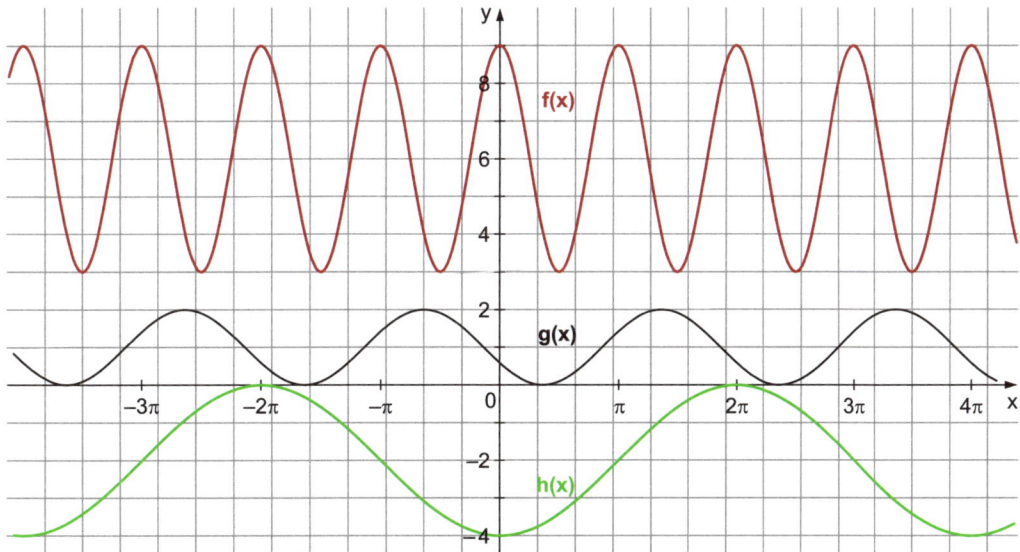

39 Gegeben ist die Funktion $f(x) = x + \cos x$ mit $\mathbb{D} = \mathbb{R}$.

  a Zeigen Sie, dass der Graph von $f(x)$ monoton steigt.

  b Bestimmen Sie die Punkte, in denen der Graph von $f(x)$ im Intervall $[0; 3\pi]$ waagrechte Tangenten besitzt.

  c Begründen Sie, warum es sich dort nicht um Extrema handeln kann.

40 Gegeben ist die Funktion $f(x) = (\sin x)^2 - \sin x$. Berechnen Sie die Nullstellen der Funktion im Intervall $[-\pi; \pi]$.

41 Gegeben ist die Funktion $f(x) = \sin(2x) - \cos(2x)$ mit $\mathbb{D} = \mathbb{R}$.

  a Zeigen Sie, dass $f''(x) = -4f(x)$ gilt.

  b Berechnen Sie die Steigung im Kurvenpunkt $P\left(\frac{\pi}{8} \,\middle|\, ?\right)$.

  c Geben Sie eine Stammfunktion von $f(x)$ an und berechnen Sie $\displaystyle\int_{-\pi}^{\pi} f(x)\,dx$.

  d Erläutern Sie, was das Ergebnis des Integrals bedeutet.

Vertiefe dein Wissen!

42 Gegeben ist die Funktion $f(x) = (\sin x)^2$.

    a Untersuchen Sie die Funktion auf Symmetrie zum Koordinatensystem.

    b Berechnen Sie die Nullstellen der Funktion im Intervall $[-\pi; \pi]$.

    c Bestimmen Sie Art und Lage der Extrempunkte im Intervall $[-\pi; \pi]$.

    d Berechnen Sie $f\left(\dfrac{\pi}{4}\right)$ und skizzieren Sie den Graphen der Funktion.

43 Das 135 m hohe Riesenrad „London Eye" am Ufer der Themse bewegt sich so langsam, dass das Rad für das Ein- und Aussteigen nicht angehalten werden muss, sondern sich stets gleichmäßig weiterdreht. Die rechte Abbildung zeigt die Höhen, auf der sich eine Gondel während des 30-minütigen Umlaufs befindet.

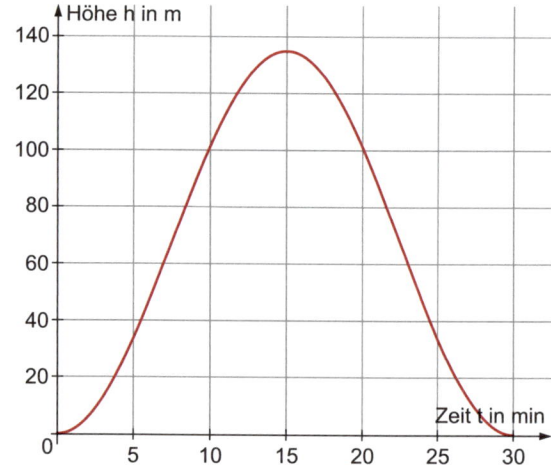

Entscheiden Sie jeweils, welche Antwort(en) richtig sind, und begründen Sie dies.

    a Die oben dargestellte Funktion lässt sich angeben als

      ☐ $f(t) = -135 \cdot \cos\left(\dfrac{\pi}{30} \cdot t\right) - 67{,}5$ ☐ $f(t) = -135 \cdot \cos\left(\dfrac{\pi}{15} \cdot t\right) + 67{,}5$

      ☐ $f(t) = -67{,}5 \cdot \cos\left(\dfrac{\pi}{15} \cdot t\right) + 67{,}5$ ☐ $f(t) = -67{,}5 \cdot \cos\left(\dfrac{\pi}{30} \cdot t\right) + 67{,}5$

    b Die Gondel befindet sich auf halber Höhe nach

      ☐ 5 min   ☐ 7,5 min   ☐ 15 min   ☐ 22,5 min

    c Der Zeitraum, in dem sich die Gondel auf einer Höhe von mehr als 100 m befindet, umfasst

      ☐ > 13 min   ☐ ca. 12 min   ☐ ca. 10 min   ☐ < 9 min

Klausur 4

1
8 BE
Beschreiben Sie, wie sich der Graph von $k(x) = -3\cos\left(x + \frac{\pi}{2}\right) + 4$ in vier Schritten aus dem Graphen von $f(x) = \cos x$ entwickeln lässt.

2
22 BE
Die Abbildung zeigt die Graphen dreier Sinus-Funktionen. Geben Sie zu jedem Graphen eine passende Funktionsgleichung an.

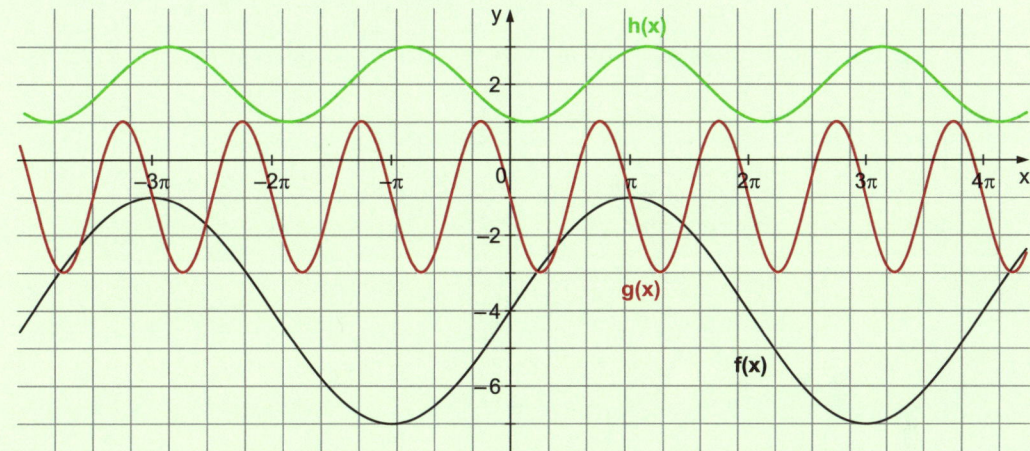

3
27 BE
Gegeben ist die Funktion $f(x) = \cos x \cdot (\cos x + 1)$.

a Zeigen Sie, dass der Graph der Funktion symmetrisch zur y-Achse ist.

b Berechnen Sie die Nullstellen der Funktion im Intervall $[-\pi; \pi]$.

c Berechnen Sie die Punkte im Intervall $[-\pi; \pi]$, an denen die Funktion waagrechte Tangenten besitzt.

d Zeigen Sie, dass $f\left(x - \frac{\pi}{2}\right) = (\sin x)^2 + \sin x$ gilt.

4
43 BE
Die Abbildung zeigt den Graphen der Funktion $f(x) = \sin x + \cos x$ im Intervall $[0; 2\pi]$ und mit Wertebereich $W = [-\sqrt{2}; \sqrt{2}]$. Zudem sind die beiden Wendetangenten von $f(x)$ zu sehen.

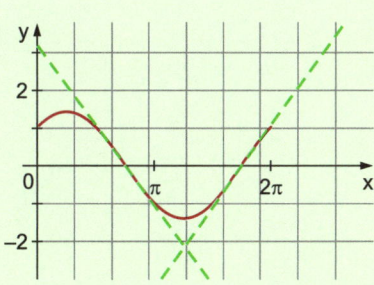

a Berechnen Sie die Nullstellen der Funktion in dem gegebenen Intervall.

b Zeigen Sie, dass diese Nullstellen auch Wendestellen sind.

 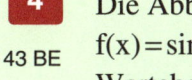

c Geben Sie die Gleichungen der Wendetangenten an.

*d Der Funktionsterm von f(x) lässt sich auch in der Form $f(x) = A \cdot \sin(x + b)$ darstellen. Bestimmen Sie A und b.

e Berechnen Sie die Fläche, die die Funktion mit den Koordinatenachsen einschließt.

Punkteverteilung (NP $\triangleq$ Notenpunkte; BE $\triangleq$ Bewertungseinheiten):

NP	15	14	13	12	11	10	9	8	7	6	5	4	3	2	1	0
BE	100–96	95–91	90–86	85–81	80–76	75–71	70–66	65–61	60–56	55–51	50–46	45–41	40–35	34–28	27–21	20–0

e-Funktion

1 Grundfunktion

Alle Funktionen feiern Party und amüsieren sich köstlich. Nur die e-Funktion sitzt ganz allein in einer Ecke. Schließlich geht der Sinus hin.

Bleib doch nicht so einsam, integrier dich lieber!

Schon gemacht. Bringt auch nichts!

Der Witz nutzt die Eigenschaft, dass einzig für $f(x) = e^x$ gilt: $f(x) = f'(x) = F(x)$

$f(x) = e^x$ zeichnet sich unter allen Exponentialfunktionen auch noch durch die Steigung im Punkt $(0|1)$ aus. Zwar verlaufen alle Exponentialfunktionen der Form $g(x) = a^x$ mit $a \in \mathbb{R}^+ \backslash \{1\}$ durch den Punkt $(0|1)$, aber nur $f(x) = e^x$ hat dort die Steigung 1.

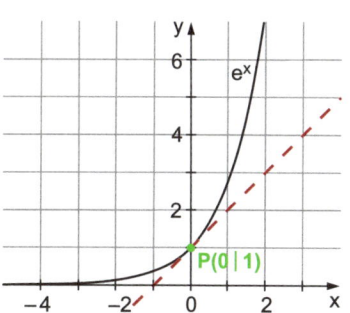

WISSEN

- Funktion: $f(x) = e^x$

- Definitionsbereich: $\mathbb{D} = \mathbb{R}$

- Verhalten an den Rändern: $\lim\limits_{x \to -\infty} e^x = 0$ und $\lim\limits_{x \to +\infty} e^x = +\infty$

- Asymptoten: negative x-Achse $(y = 0)$

- Wertebereich: $\mathbb{W} = \mathbb{R}^+$

- Symmetrie zum KOSY: keine

- Nullstellen: keine, da $e^x > 0$ für alle $x \in \mathbb{D}$

- Ableitung: $f'(x) = e^x$

- Monotonie: streng monoton steigend

- Stammfunktion: $F(x) = e^x + C$

- Umkehrfunktion: $f^{-1}(x) = \ln x$ mit $\mathbb{D}_{f^{-1}} = \mathbb{R}^+$ und $\mathbb{W}_{f^{-1}} = \mathbb{R}$

Vertiefe dein Wissen!

Besonderheiten:

- **e = 2,718…**   **Euler'sche Zahl**

- $f(0) = e^0 = 1$

- $f'(0) = 1$

- Das Lösen von Gleichungen mit e^x ermöglicht die Umkehrfunktion $\ln x$. Es gilt:
  $$e^x = a \;\Rightarrow\; \ln e^x = \ln a \;\Rightarrow\; x \cdot \underbrace{\ln e}_{=\,1} = \ln a \;\Rightarrow\; x = \ln a$$

Für die Exponentialfunktion gelten die Rechenregeln für Potenzen:

WISSEN

- $e^{x+y} = e^x \cdot e^y$ - $e^{x-y} = \dfrac{e^x}{e^y}$ - $e^{x \cdot y} = (e^x)^y$ - $e^{-x} = \dfrac{1}{e^x}$ $(x, y \in \mathbb{R})$

BEISPIEL

1 Die Abbildung zeigt die Graphen der drei Funktionen $g(x)$, $h(x)$ und $k(x)$, die durch Spiegeln und Verschieben aus dem Graphen von $f(x) = e^x$ hervorgehen. Geben Sie die Funktionsgleichungen von $g(x)$, $h(x)$ und $k(x)$ begründet an.

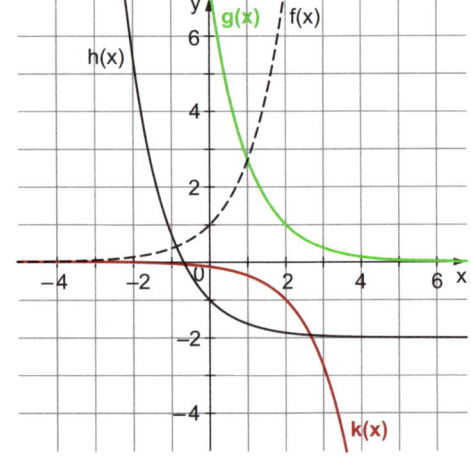

$g(x) = $ _____

$h(x) = $ _____

$k(x) = $ _____

Lösung:
Der Graph von $g(x)$ entsteht aus dem Graphen von $f(x)$ durch Spiegelung an der y-Achse und Verschiebung um 2 in positive x-Richtung.
$g(x) = e^{-(x-2)}$

Der Graph von $h(x)$ entsteht aus dem Graphen von $f(x)$ durch Spiegelung an der y-Achse und Verschiebung um 2 in negative y-Richtung.
$h(x) = e^{-x} - 2$

Der Graph von $k(x)$ entsteht aus dem Graphen von $f(x)$ durch Spiegelung an der x-Achse und Verschiebung um 2 in positive x-Richtung.
$k(x) = -e^{x-2}$

Vertiefe dein Wissen!

2 a Warum lässt sich $f(x) = e^x$ nicht als Integralfunktion schreiben?

b Schreiben Sie $g(x) = e^x - e^2$ als Integralfunktion.

Lösung:

a Da $f(x) = e^x$ keine Nullstelle besitzt, lässt sich für eine Darstellung als Integralfunktion keine untere Grenze a finden.

$$e^x = \int_a^x (e^t)'\, dt = \int_a^x e^t\, dt = e^x - e^a \quad\text{wegen } e^a \neq 0$$

b $$e^x - e^2 = \int_a^x (e^t - e^2)'\, dt = \int_a^x e^t\, dt = e^x - e^a \quad\Rightarrow\quad a = 2$$

Also: $$e^x - e^2 = \int_2^x e^t\, dt$$

3 Kathrin hat die Gleichungen ihren Lösungen zugeordnet. Überprüfen Sie Ihre Entscheidung rechnerisch.

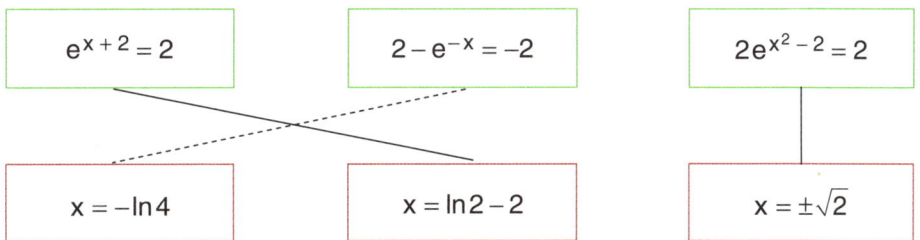

| $e^{x+2} = 2$ | $2 - e^{-x} = -2$ | $2e^{x^2-2} = 2$ |

| $x = -\ln 4$ | $x = \ln 2 - 2$ | $x = \pm\sqrt{2}$ |

Lösung:

$e^{x+2} = 2 \quad\Rightarrow\quad x + 2 = \ln 2 \quad\Rightarrow\quad x = \ln 2 - 2$

$2 - e^{-x} = -2 \quad\Rightarrow\quad e^{-x} = 4 \quad\Rightarrow\quad -x = \ln 4 \quad\Rightarrow\quad x = -\ln 4$

$2e^{x^2-2} = 2 \quad\Rightarrow\quad e^{x^2-2} = 1 \quad\Rightarrow\quad x^2 - 2 = 0 \quad\Rightarrow\quad x = \pm\sqrt{2}$

44 Lösen Sie die Exponentialgleichungen.

a $e^{3x} = 4e^{-x}$

b $\dfrac{1}{2e^x} - \dfrac{1}{3e^x} = \dfrac{1}{6}$

45 Tina hat die Exponentialfunktion $f(x) = e^x$ um 4 nach oben und um 2 nach links verschoben. Zudem hat sie sie an der y-Achse gespiegelt. Geben Sie den Term der entstandenen Funktion g(x) an.

$g(x) = \underline{\hspace{6cm}}$

Vertiefe dein Wissen!

2 e-Funktion mit Verkettung

Mit dem Wissen um die Eigenschaften der „einfachen" e-Funktion lassen sich auch die Eigenschaften der Funktionen bestimmen, bei denen der Exponent von e kein „einfaches" x, sondern eine „echte" Funktion ist.

WISSEN

- Funktion: $f(x) = e^{g(x)}$

- Definitionsbereich: $\mathbb{D}_f = \mathbb{D}_g$

- Verhalten an den Rändern: abhängig vom Verhalten von g(x) an den Rändern von D_f:
$$\lim_{x \to x_0} f(x) = e^{\lim\limits_{x \to x_0} g(x)}$$

- Asymptoten:
  - waagrechte $y = 0$, falls $\lim\limits_{x \to +\infty} g(x) = -\infty$ bzw. $\lim\limits_{x \to -\infty} g(x) = -\infty$

    $y = e^a$, falls $\lim\limits_{x \to +\infty} g(x) = a$ bzw. $\lim\limits_{x \to -\infty} g(x) = a$

  - senkrechte $x = b$, falls $\lim\limits_{x \to b^+} g(x) = +\infty$ bzw. $\lim\limits_{x \to b^-} g(x) = +\infty$

- Nullstellen: keine, da $e^{g(x)} > 0$ für alle $x \in \mathbb{D}_f$

- Ableitung: $f'(x) = e^{g(x)} \cdot g'(x)$

- Monotonie: abhängig vom Vorzeichen von g'(x), da $e^{g(x)} > 0$

Besonderheiten:
- Besonderer Punkt:
  $f(x) = 1$, wenn $g(x) = 0$

- Der Wertebereich von f(x) – stets eine Teilmenge von $\mathbb{R}^+$ –, eventuell vorhandene Symmetrie – symmetrisch zur y-Achse, falls g(x) symmetrisch zur y-Achse – und Stamm- und Umkehrfunktion ergeben sich aus den Eigenschaften der Funktion g(x).

- Verbindet der Funktionsterm die Funktion e^x mit einer Potenz von x, so können die Limeswerte

$$\lim_{x \to +\infty} (e^x - x^r) = +\infty \quad \text{und} \quad \lim_{x \to +\infty} x^r \cdot e^{-x} = \lim_{x \to +\infty} \frac{x^r}{e^x} = 0 \quad \text{mit } r \in \mathbb{R}^+$$

ohne weitere Beweisführung verwendet werden.

> **Merkspruch:**
> e^x wächst für $x \to +\infty$ schneller als jede positive Potenz von x.

Vertiefe dein Wissen!

Die e-Funktion mit Verkettung ist vor allem bei **exponentiellen Wachstums-bzw. Zerfallsprozessen** zu finden. Allgemein wird ein solcher Prozess mit der Funktionsgleichung $f(t) = A \cdot e^{kt}$ beschrieben, wobei A der Anfangsbestand zum Zeitpunkt $t = 0$ und k der Wachstumsfaktor ist. Das Kennzeichen eines solchen Prozesses ist, dass sich die Bestandsgröße in jeweils gleichen Zeitschritten immer um denselben Faktor verändert, denn $f'(t) = A \cdot e^{kt} \cdot k = k \cdot f(t)$. Ein Wachstumsprozess liegt vor, wenn $k > 0$ gilt, ein Zerfallsprozess liegt vor, wenn $k < 0$ gilt.

BEISPIEL

1 Bestimmen Sie jeweils die 1. und 2. Ableitung:

   a $f(x) = e^{2x} + 2ex$

   b $g(x) = 2x \cdot e^{-x^2}$

Lösung:

   a $f'(x) = e^{2x} \cdot 2 + 2e = 2e^{2x} + 2e$ e ist eine Konstante!

      $f''(x) = 2e^{2x} \cdot 2 = 4e^{2x}$

   b $g'(x) = 2 \cdot e^{-x^2} + 2x \cdot e^{-x^2} \cdot (-2x) = e^{-x^2} \cdot (2 - 4x^2)$

      $g''(x) = e^{-x^2} \cdot (-2x)(2 - 4x^2) + e^{-x^2} \cdot (-8x) = e^{-x^2} \cdot (-12x + 8x^3)$

2 Bestimmen Sie die Limeswerte:

   a $\lim\limits_{x \to -\infty} (3e^x - x^3)$ und $\lim\limits_{x \to +\infty} (3e^x - x^3)$

   b $\lim\limits_{x \to -\infty} \dfrac{x^3}{e^x + 1}$ und $\lim\limits_{x \to +\infty} \dfrac{x^3}{e^x + 1}$

   c $\lim\limits_{x \to -\infty} (x^3 - x) \cdot e^{-x}$ und $\lim\limits_{x \to +\infty} (x^3 - x) \cdot e^{-x}$

Lösung:

   a $\lim\limits_{x \to -\infty} (3e^x - x^3) = 3 \cdot 0 - (-\infty) = +\infty$

      $\lim\limits_{x \to +\infty} (3e^x - x^3) = +\infty$ siehe Merkspruch auf Seite 60

   b $\lim\limits_{x \to -\infty} \dfrac{x^3}{e^x + 1} = \dfrac{-\infty}{0 + 1} = -\infty$

      $\lim\limits_{x \to +\infty} \dfrac{x^3}{e^x + 1} = 0$ siehe Merkspruch auf Seite 60

   c $\lim\limits_{x \to -\infty} (x^3 - x) \cdot e^{-x} = -\infty \cdot (+\infty) = -\infty$

      $\lim\limits_{x \to +\infty} (x^3 - x) \cdot e^{-x} = \lim\limits_{x \to +\infty} \dfrac{x^3 - x}{e^x} = 0$ siehe Merkspruch auf Seite 60

Vertiefe dein Wissen!

3 Gegeben ist die Funktion $f(x) = (e^x - 3)^2$ mit $\mathbb{D} = \mathbb{R}$.

    a Bestimmen Sie das Verhalten der Funktion für $x \to -\infty$ und $x \to +\infty$.

    b Geben Sie die Nullstelle der Funktion an.

    c Bestimmen Sie Art und Lage des Extrempunkts.

    d Zeigen Sie, dass die Funktion genau einen Wendepunkt besitzt, und geben Sie dessen Koordinaten an.

    e Berechnen Sie $f(0)$ und $f(1,5)$. Skizzieren Sie den Funktionsgraphen.

Lösung:

a
$$\lim_{x \to -\infty} (e^x - 3)^2 = (0-3)^2 = 9$$

$$\lim_{x \to +\infty} (e^x - 3)^2 = (+\infty - 3)^2 = +\infty$$

b $(e^x - 3)^2 = 0 \;\Rightarrow\; e^x = 3 \;\Rightarrow\; x = \ln 3 \approx 1,1$

Bemerkung: Es handelt sich um eine doppelte Nullstelle.

c $f'(x) = 2(e^x - 3) \cdot e^x = 2e^x \cdot (e^x - 3)$

$f''(x) = 2e^x \cdot (e^x - 3) + 2e^x \cdot e^x = 2e^x \cdot (2e^x - 3)$

$f'(x) = 0 \;\Rightarrow\; 2e^x \cdot (e^x - 3) = 0$

$$e^x - 3 = 0 \qquad\qquad \text{da } 2e^x > 0$$

$$e^x = 3$$

$$x = \ln 3 \approx 1,1$$

Bestimmung der Art des Extremwerts mit der 2. Ableitung:

$f''(\ln 3) = 2e^{\ln 3} \cdot (2e^{\ln 3} - 3) = 2 \cdot 3 \cdot (2 \cdot 3 - 3) = 18 > 0$

Die Funktion besitzt in $(\ln 3 \,|\, 0)$ einen Tiefpunkt.

d $f''(x) = 2e^x \cdot (2e^x - 3)$

$f'''(x) = 2e^x \cdot (2e^x - 3) + 2e^x \cdot 2e^x = 2e^x \cdot (4e^x - 3)$

$f''(x) = 0 \;\Rightarrow\; 2e^x \cdot (2e^x - 3) = 0$

$$2e^x - 3 = 0 \qquad\qquad \text{da } 2e^x > 0$$

$$e^x = \frac{3}{2}$$

$$x = \ln\frac{3}{2} \approx 0,4$$

$$f'''\left(\ln\frac{3}{2}\right) = 2e^{\ln\frac{3}{2}} \cdot (4e^{\ln\frac{3}{2}} - 3) = 2 \cdot \frac{3}{2} \cdot (4 \cdot \frac{3}{2} - 3) = 9 \neq 0$$

$$f\left(\ln\frac{3}{2}\right) = (e^{\ln\frac{3}{2}} - 3)^2 = \left(\frac{3}{2} - 3\right)^2 = \frac{9}{4}$$

Die Funktion besitzt in $\left(\ln\frac{3}{2} \,\middle|\, \frac{9}{4}\right)$ ihren einzigen Wendepunkt.

e $f(0) = (e^0 - 3)^2 = (1-3)^2 = 4$

$f(1,5) = (e^{1,5} - 3)^2 \approx 2,2$

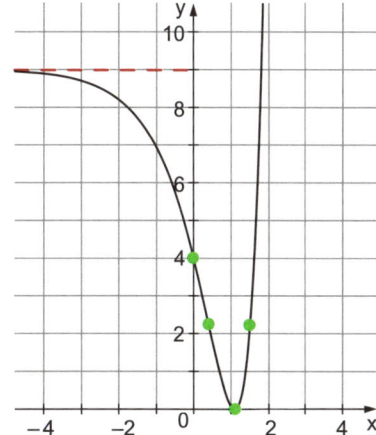

4 Eine Bakterienkultur wächst je Stunde um 20 % an. Zu Beginn (t = 0) wurden 300 Bakterien gezählt.

a Ermitteln Sie für die Wachstums-funktion $f(t) = A \cdot e^{kt}$ die Größen A und k.

b Berechnen Sie die Anzahl der nach 4 Stunden vorhandenen Bakterien.

c Bestimmen Sie, wie lange es dau-ert, bis sich der Bakterienbestand verzehnfacht hat.

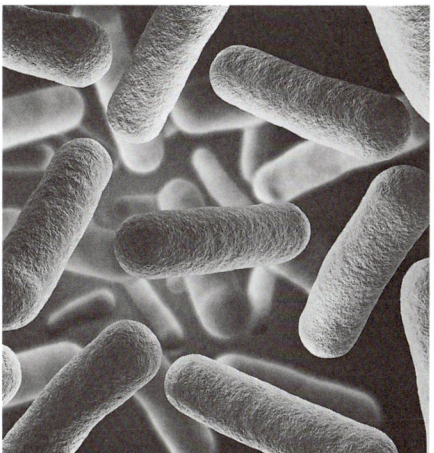

Lösung:

a A ist der Anfangsbestand, also A = 300.

t gibt die Zeit in Stunden an. Nach einer Stunde gibt es 20 % mehr Bakterien als zu Beginn, d. h. $300 + 0,2 \cdot 300 = 360$ Bakterien.

$f(1) = 300 \cdot e^{k \cdot 1} = 360 \implies e^k = 1,2 \implies k = \ln 1,2$

Für die Funktion f(t) gilt somit: $f(t) = 300 \cdot e^{\ln 1,2 \cdot t}$

b $f(4) = 300 \cdot e^{\ln 1,2 \cdot 4} \approx 622$

Nach 4 Stunden sind ca. 622 Bakterien vorhanden.

c $3\,000 = 300 \cdot e^{\ln 1,2 \cdot t}$ Das Zehnfache von 300 ist $300 \cdot 10 = 3\,000$.

$10 = e^{\ln 1,2 \cdot t}$

$\ln 10 = \ln 1,2 \cdot t$

$t = \dfrac{\ln 10}{\ln 1,2} \approx 12,63$

Nach ca. 12,63 Stunden hat sich der Bakterienstand verzehnfacht.

Vertiefe dein Wissen!

46 Ordnen Sie den Funktionen jeweils den richtigen Definitionsbereich sowie ihre Nullstellen zu. Verbinden Sie mit Linien.

TIPP

Es gibt auch Definitionsbereiche bzw. Nullstellen, die nicht zu f bis j gehören.

$f(x) = \dfrac{x^2 - 1}{e^x + 1}$	$\mathbb{D} = \mathbb{R}$	$x = 0$
$g(x) = \dfrac{e^x - 1}{x^2 - 1}$	$\mathbb{D} = \mathbb{R} \setminus \{-1; 1\}$	$x = -2 \text{ und } x = 2$
$h(x) = \sqrt{e^x - 1}$	$\mathbb{D} = \mathbb{R}_0^-$	$x = -1 \text{ und } x = 1$
$i(x) = \sqrt{e^{1-x}}$	$\mathbb{D} = \mathbb{R}_0^+$	$x = -1$
$j(x) = e^{\sqrt{x-1}}$	$\mathbb{D} = [1; +\infty[$	keine Nullstellen

47 Korrigieren Sie jeweils die Fehler, die Jonathan beim Ableiten gemacht hat.

a

$$f(x) = \frac{e^x}{e^x - 2}$$

$$f'(x) = \frac{e^x \cdot e^x - e^x \cdot (e^x - 2)}{(e^x - 2)^2}$$

b

$$g(x) = \frac{-2e^x}{(e^x - 2)^2}$$

$$g'(x) = \frac{-2e^x \cdot (e^x - 2)^2 - (-2e^x) \cdot (e^x - 2)}{(e^x - 2)^4}$$

48 Die Punkte A (auf G_f) und B (auf G_g) besitzen den gleichen x-Wert. Geben Sie die Koordinaten derjenigen Punkte A und B an, in denen die Graphen der beiden Funktionen parallele Tangenten besitzen.

a $f(x) = e^x + 2$ und $g(x) = e^{0,5x} - 2$

b $f(x) = x^2$ und $g(x) = e^{x^2 - 4}$

Vertiefe dein Wissen!

49 Gegeben ist die Funktion $f(x) = \dfrac{x+a}{be^x}$ mit $D = \mathbb{R}$.

—TIPP
*Steckbriefauf-
gabe (s. S. 22)*

Bestimmen Sie a und b so, dass der Funktionsgraph die y-Achse bei –2 mit einer Steigung von $\dfrac{7}{3}$ schneidet.

50 Die Abbildung zeigt drei Funktionsgraphen (G_1 bis G_3).

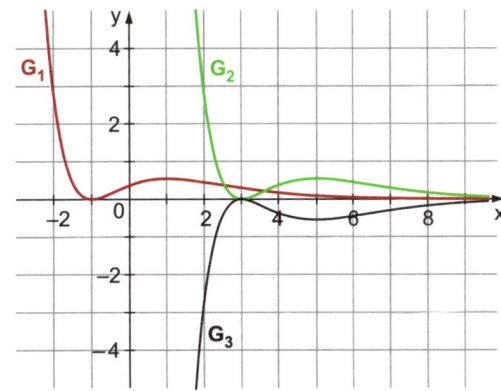

   a Geben Sie an, welcher Graph zu
$f(x) = (x-3)^2 \cdot e^{3-x}$
gehört.
Begründen Sie Ihre Antwort.

   b Bestimmen Sie die Funktionsgleichungen, die zu den beiden
anderen Graphen gehören.

51 Gegeben ist die Funktion $f(x) = 3 \cdot \dfrac{e^x + 1}{1 - e^x}$.

   a Bestimmen Sie den Definitionsbereich.

   b Zeigen Sie, dass f(x) punktsymmetrisch zum Ursprung ist.

   c Untersuchen Sie das Verhalten von f(x) an den Rändern des Definitionsbereichs und geben Sie alle Asymptoten an.

   d Zeigen Sie, dass die Funktion in $\mathbb{D}$ streng monoton steigend ist.

   e Skizzieren Sie den Graphen und geben Sie den Wertebereich an.

   f Begründen Sie, warum f(x) in ganz $\mathbb{D}$ umkehrbar ist.

   g Geben Sie die Umkehrfunktion und deren Definitions- und Wertebereich sowie
deren Asymptoten an.

52 Gegeben ist die Funktionenschar $f_a(x) = (x+a) \cdot e^{-x}$ mit $D = \mathbb{R}$ und $a \in \mathbb{R}^+$.

   a Berechnen Sie die Schnittpunkte mit den Koordinatenachsen in Abhängigkeit
von a.

   b Bestimmen Sie das Verhalten der Funktion für $x \to \pm\infty$.

   c Untersuchen Sie die Funktion in Abhängigkeit von a auf Monotonie.

   d Geben Sie Art und Lage des Extrempunkts an.

Vertiefe dein Wissen! ——

e Zeigen Sie, dass $F_a(x) = (-x - a - 1) \cdot e^{-x}$ eine Stammfunktion von $f_a(x)$ ist.

f Berechnen Sie die Fläche, die der Funktionsgraph mit den Koordinatenachsen einschließt, in Abhängigkeit von a.

53 Der Neuseeländer Rutherford hat gezeigt, dass beim Zerfall radioaktiver Stoffe die in der Zeiteinheit zerfallende Zahl von Atomen der zur Zeit t vorhandenen Anzahl von Atomen direkt proportional ist. Es gilt daher die Zerfallsformel $N(t) = N_0 \cdot e^{-\lambda t}$.
- N_0 ist die Anzahl der zum Zeitpunkt $t=0$ vorhandenen Atome.
- $\lambda > 0$ ist die für jeden Stoff charakteristische Zerfallskonstante.

Ernest Rutherford
(30.08.1871 – 19.10.1937)

a Bestimmen Sie für das Nuklid $^{210}_{84}$Po mit der Zerfallskonstante $\lambda = 0{,}005 \frac{1}{\text{Tag}}$ die „Halbwertszeit", also die Zeit, in der die Hälfte der zur Zeit $t=0$ vorhandenen Atome zerfallen ist bzw. nur die Hälfte des Anfangsbestands sich noch im Zustand $^{210}_{84}$Po befindet.

b Berechnen Sie, wie viele Prozent des Anfangsbestands an $^{210}_{84}$Po nach 100 Tagen noch nicht zerfallen sind.

c Geben Sie die Zeit an, nach der 90 % des Anfangsbestands bereits zerfallen sind.

54

Weltbevölkerung			
Jahr 2000	**Jahr 2005**	**Jahr 2010**	**Jahr 2015**
6,13 Mrd.	6,51 Mrd.	6,91 Mrd.	7,34 Mrd.

a Zeigen Sie, dass die Wachstumsfunktion $f(t) = A \cdot e^{0{,}012\,t}$ mit der Anfangszeit $t_0 = 2000$ aufgrund der obigen Zahlen als Modellierung des Wachstums der Weltbevölkerung verwendet werden kann.

b Berechnen Sie die Anzahl der Menschen, die nach diesem Modell im Jahr 2050 auf der Erde leben werden.

c Bestimmen Sie das Jahr, in welchem es nach diesem Modell nur halb so viele Menschen auf der Erde gab wie im Jahr 2015.

d Leonie behauptet, dass sich die Weltbevölkerung in jeweils ca. 58 Jahren verdoppelt, egal von welchem Jahr man ausgeht. Nehmen Sie dazu Stellung.

Klausur 5

1

20 BE

Die Abbildungen zeigen die Graphen der drei Funktionen $f(x)=e^{x^2}$, $g(x)=x^2-e$ und $h(x)=x^2e^x$ sowie die Graphen ihrer Ableitungen. Ordnen Sie entsprechend zu.

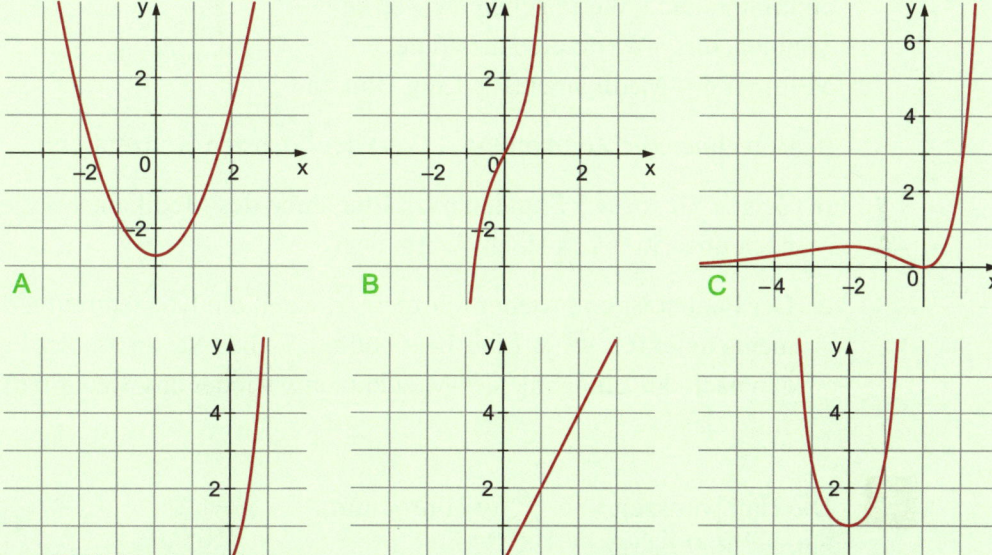

2

17 BE

Gegeben ist die Funktion $f(x)=\dfrac{ae^x}{x+b}$ mit $\mathbb{D}=\mathbb{R}\setminus\{-b\}$ und $a,b\in\mathbb{R}^+$.

Bestimmen Sie a und b so, dass der Funktionsgraph die Gerade $y=x+2$ im Schnittpunkt mit der y-Achse als Tangente hat.

3

35 BE

Gegeben ist die Funktion $f(x)=2x^2e^{-x}$ mit $\mathbb{D}=\mathbb{R}$.

a Untersuchen Sie das Verhalten für $x\to\pm\infty$.

b Geben Sie die Nullstelle an.

c Bestimmen Sie Art und Lage der Extrempunkte.

d Zeigen Sie, dass $F(x)=-2(x^2+2x+2)e^{-x}$ eine Stammfunktion von $f(x)$ ist.

e Berechnen Sie die Fläche $A(a)$, die der Graph von $f(x)$ mit der x-Achse und der Geraden $x=a>0$ einschließt.

f Bestimmen Sie das Verhalten von $A(a)$, wenn $a\to\infty$ strebt, und interpretieren Sie das Ergebnis.

Teste dein Wissen!

4

18 BE

Die Abbildung zeigt den Graphen der Funktion $f(t) = 4t \cdot e^{1-0,5t}$ mit $\mathbb{D} = \mathbb{R}_0^+$. $f(t)$ beschreibt die Konzentration eines Medikaments im Blut eines Patienten, der zum Zeitpunkt $t = 0$ dieses Medikament einnimmt. Die t-Werte geben die Zeit in Stunden, die y-Werte die Anzahl der Milliliter des Medikaments je Liter Blut an.

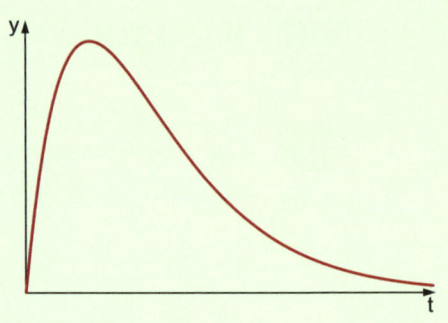

a Berechnen Sie Zeitpunkt und Wert der höchsten Konzentration.

b Zeigen Sie, dass 5 Stunden nach Einnahme des Medikaments die Konzentration noch über 50 % des Höchstwerts liegt.

c Der Patient ist erst wieder fahrtüchtig, wenn die Konzentration des Medikaments unter 0,5 $m\ell$ je Liter Blut beträgt. Geben Sie an, ob der Patient 11 Stunden nach der Einnahme des Medikaments wieder ans Steuer darf.

5

10 BE

Die Halbwertszeit von $^{159}_{63}$Eu (Europium) beträgt 36,9 Jahre.

a Bestimmen Sie die Zerfallskonstante λ aus der Gleichung $N(t) = N_0 \cdot e^{-\lambda t}$.

b Paul behauptet, dass in 100 Jahren 90 % des Anfangsbestands von $^{159}_{63}$Eu zerfallen sind. Nehmen Sie dazu Stellung.

Europium

Punkteverteilung (NP $\triangleq$ Notenpunkte; BE $\triangleq$ Bewertungseinheiten):

NP	15	14	13	12	11	10	9	8	7	6	5	4	3	2	1	0
BE	100–96	95–91	90–86	85–81	80–76	75–71	70–66	65–61	60–56	55–51	50–46	45–41	40–35	34–28	27–21	20–0

ln-Funktion

1   Grundfunktion

Die Logarithmusfunktion $f(x) = \ln x$ kam in Kapitel 6 schon vor, allerdings nur als Umkehrfunktion der Exponentialfunktion $f(x) = e^x$. Dennoch können daraus gemäß Kapitel 1.4 bereits Schlüsse über Verlauf, Definitionsbereich, Wertemenge und Umkehrfunktion abgeleitet werden.

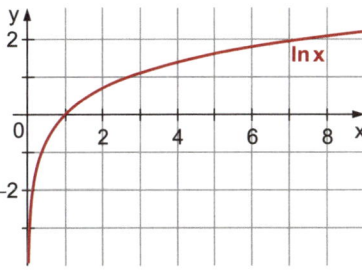

WISSEN

- Funktion: $f(x) = \ln x$
- Definitionsbereich: $\mathbb{D} = \mathbb{R}^+$
- Verhalten an den Rändern: $\lim\limits_{x \to 0^+} \ln x = -\infty$ und $\lim\limits_{x \to +\infty} \ln x = +\infty$
- Asymptoten: negative y-Achse $(x = 0)$
- Wertebereich: $\mathbb{W} = \mathbb{R}$
- Symmetrie zum KOSY: keine
- Nullstellen: $x = 1$
- Ableitung: $f'(x) = \dfrac{1}{x}$
- Monotonie: streng monoton steigend
- Stammfunktion: $F(x) = -x + x \cdot \ln x + C$
- Umkehrfunktion: $f^{-1}(x) = e^x$ mit $\mathbb{D}_{f^{-1}} = \mathbb{R}$ und $\mathbb{W}_{f^{-1}} = \mathbb{R}^+$

Besonderheiten:
- Besonderer Punkt:
  $f(1) = 0$
- $f(x) = \ln |x|$ ist Stammfunktion von $g(x) = \dfrac{1}{x}$ (siehe Kapitel 3).
- Das Lösen von Gleichungen mit $\ln x$ ermöglicht die Umkehrfunktion e^x. Es gilt:
  $$\ln x = a \;\Rightarrow\; e^{\ln x} = e^a \;\Rightarrow\; x = e^a$$

Für die Logarithmusfunktion gelten folgende Rechenregeln:

> **WISSEN**
>
> ■ $\ln(x \cdot y) = \ln x + \ln y$ ■ $\ln(x : y) = \ln x - \ln y$ ■ $\ln(x^y) = y \cdot \ln x$ $(x, y \in \mathbb{R}^+)$

Setzt man in der Gleichung $\ln(x^y) = y \cdot \ln x$ für y den Wert 20 ein, so ergibt sich:
$\ln(x^{20}) = 20 \cdot \ln x$
Das bedeutet: Wenn das Argument mit 20 potenziert wird, so erhöht sich der
Funktionswert lediglich auf das 20-Fache. So erhält man z. B. für $x = 2$:
$\ln(2^{20}) = \ln(1\,048\,576) = 20 \cdot \ln 2 \approx 13{,}86$
Dies zeigt, dass die Funktionswerte von $f(x) = \ln x$ für $x \to +\infty$ nur sehr, sehr
langsam wachsen.

BEISPIEL

1 Beschreiben Sie, wie sich der Graph von $f(x) = \ln(x + 4)$ durch Verschie-
bungen und/oder Spiegelungen aus dem Graphen von ln x ergibt. Geben Sie
auch an, wohin der Punkt $(1 \,|\, 0)$ des Graphen von ln x wandert und welche
Gleichung die senkrechte Asymptote annimmt.

Lösung:
Der Graph von $f(x) = \ln(x + 4)$
entsteht aus dem Graphen von
ln x durch Verschiebung um 4 in
negative x-Richtung. Er verläuft
statt durch $(1 \,|\, 0)$ durch $(-3 \,|\, 0)$
und besitzt die senkrechte
Asymptote $x = -4$.

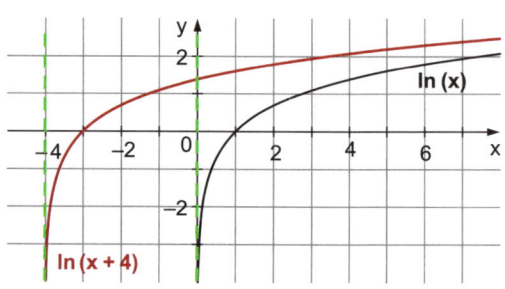

Die Skizze dient der Veranschaulichung und
ist nicht verlangt!

2 Paul hat Tanjas Umformungen korrigiert. Prüfen Sie seine Korrekturen,
indem Sie die linke Seite mithilfe der Logarithmengesetze umformen.

$x > 0$: $\ln(3x^2) = \ln 3 + \underset{2 \cdot \ln x}{\cancel{\ln 2x}}$

$x > 0$: $\ln(\sqrt{2x^3}) = \frac{1}{2} \cdot \ln 2 + \overset{\frac{3}{2}}{\cancel{3}} \ln x$

Lösung:
Rechnung 1: $\ln(3x^2) = \ln 3 + \ln(x^2) = \ln 3 + \mathbf{2}\ln x$
Rechnung 2: $\ln(\sqrt{2x^3}) = \frac{1}{2}\ln(2x^3) = \frac{1}{2}[\ln 2 + \ln(x^3)] = \frac{1}{2}[\ln 2 + 3\ln x]$
$$= \frac{1}{2}\ln 2 + \frac{3}{2}\ln x$$

Vertiefe dein Wissen!

3 Lösen Sie die folgenden Gleichungen.

    a $\ln(x+2)=2$ **b** $\ln(x^2-3)=0$

    Lösung:

    a $\ln(x+2)=2 \;\Rightarrow\; x+2=e^2 \;\Rightarrow\; x=e^2-2\approx 5{,}39$

    b $\ln(x^2-3)=0 \;\Rightarrow\; x^2-3=1 \;\Rightarrow\; x^2=4 \;\Rightarrow\; x=\pm 2$

55 Der Graph von $\ln x$ wurde verschoben und/oder gespiegelt. Füllen Sie die Lücken.

$g(x)=-\ln(x-1)$	$h(x)=\ln(x-3)-2$
Verschiebung/Spiegelung:	Verschiebung/Spiegelung:
• _____	• _____
• _____	• _____
Punkt $(1\,|\,0)$ ist nun: (____ | ____)	Punkt $(1\,|\,0)$ ist nun: (____ | ____)
Senkrechte Asymptote: $x=$ _____	Senkrechte Asymptote: $x=$ _____

56 Finden Sie die Fehler und notieren Sie die richtigen Umformungsschritte.

    a $2\ln x-\ln\sqrt{x}=2{,}5\ln x$ **b** $\ln(a^2-x^2)-\ln(a-x)=\ln a+\ln x$

2   ln-Funktion mit Verkettung

Nun werden ln-Funktionen mit einer beliebigen Funktion im Argument betrachtet.

WISSEN

- **Funktion:** $f(x)=\ln(g(x))$

- **Definitionsbereich:** $f(x)$ ist definiert für alle x, für die $g(x)>0$ gilt

- **Verhalten an den Rändern:**   abhängig vom Verhalten von $g(x)$ an den Rändern von D_f:
  $$\lim_{x\to x_0} f(x)=\ln \lim_{x\to x_0} g(x)$$

- **Asymptoten:**

  – waagrechte $y=\ln a$, falls $\displaystyle\lim_{x\to +\infty} g(x)=a$ bzw. $\displaystyle\lim_{x\to -\infty} g(x)=a$

  – senkrechte $x=b$,   falls $\displaystyle\lim_{x\to b^+} g(x)=0$ bzw. $\displaystyle\lim_{x\to b^-} g(x)=0$

- **Nullstellen:** $f(x)=0$, wenn $g(x)=1$

- **Ableitung:** $f'(x)=\dfrac{1}{g(x)}\cdot g'(x)$

Vertiefe dein Wissen!

Besonderheiten:

- Besonderer Punkt:
  $f(x) = 1$, wenn $g(x) = 0$

- Wertebereich, Monotonie, evtl. vorhandene Symmetrie, Stamm- und ggf. Umkehrfunktion von $f(x)$ hängen von den Eigenschaften der Funktion $g(x)$ ab.

- Verbindet der Funktionsterm die Funktion $\ln x$ mit einer Potenz von x, so können die Limeswerte

$$\lim_{x \to 0^+} (x^r \cdot \ln x) = 0 \quad \text{und} \quad \lim_{x \to +\infty} (x^{-r} \cdot \ln x) = \lim_{x \to +\infty} \frac{\ln x}{x^r} = 0 \quad \text{mit } r \in \mathbb{R}^+$$

ohne weitere Beweisführung verwendet werden.

> **Merkspruch:**
> $\ln x$ wächst schwächer als jede positive Potenz von x.

 BEISPIEL

1 Bestimmen Sie Definitionsmenge und Nullstelle(n) der Funktionen.

a $f(x) = 2\ln(2 - 2x)$ **b** $g(x) = \ln \dfrac{x - 2}{3x}$

Lösung:

a $2 - 2x > 0 \ \Rightarrow \ 2 > 2x \ \Rightarrow \ x < 1$

   $\Rightarrow \ \mathbb{D}_f = \,]-\infty; 1[$

                            Die ln-Funktion ist nur für **positive Argumente** definiert.

   Nullstelle: $2 - 2x = 1$

               $-2x = -1$

                  $x = \dfrac{1}{2}$

Die Nullstelle ist dort, wo das **Argument** vom ln gleich **1** ist.

b $\dfrac{x - 2}{3x} > 0$

   1. Fall: $x - 2 > 0 \quad$ und $\quad 3x > 0$

               $x > 2 \quad\quad\quad\quad\quad x > 0$

                    $\Rightarrow \ \mathbf{x > 2}$

   2. Fall: $x - 2 < 0 \quad$ und $\quad 3x < 0$

               $x < 2 \quad\quad\quad\quad\quad x < 0$

                    $\Rightarrow \ \mathbf{x < 0}$

Zähler und Nenner müssen entweder **beide positiv** (1. Fall) oder **beide negativ** (2. Fall) sein, damit der Bruch größer 0 ist.

   Damit ergibt sich: $\mathbb{D}_g = \,]-\infty; 0[\,\cup\,]2; +\infty[\,= \mathbb{R} \setminus [0; 2]$

   Nullstelle: $\dfrac{x - 2}{3x} = 1$

              $x - 2 = 3x$

              $-2x = 2$

                   $x = -1$

Vertiefe dein Wissen!

2 Bestimmen Sie die 1. Ableitung und gehen Sie dabei wie folgt vor:
- Leiten Sie zuerst den gegebenen Funktionsterm direkt ab.
- Formen Sie nun den gegebenen Funktionsterm von f(x) mithilfe der Logarithmengesetze um und leiten Sie diesen neuen Term ab.
- Vergleichen Sie den Aufwand, den man beim jeweiligen Ableiten hat.

a $f(x) = \ln(x^2 - x)$ **b** $g(x) = x^2 \cdot \ln x^3$

Lösung:

a • $f'(x) = \dfrac{1}{x^2 - x} \cdot (2x - 1) = \dfrac{2x - 1}{x^2 - x}$

• $f(x) = \ln(x^2 - x) = \ln[x(x-1)] = \ln x + \ln(x - 1)$

$f'(x) = \dfrac{1}{x} + \dfrac{1}{x-1}$ $\qquad\qquad = \dfrac{x - 1 + x}{x \cdot (x - 1)} = \dfrac{2x - 1}{x^2 - x}$

• Hier bringt die Umformung den Vorteil, dass beim Ableiten das Nachdifferenzieren wegfällt.

b • $g'(x) = 2x \cdot \ln x^3 + x^2 \cdot \dfrac{1}{x^3} \cdot 3x^2 = 2x \cdot \ln x^3 + 3x$

• $g(x) = x^2 \cdot \ln x^3 = x^2 \cdot 3\ln x = 3x^2 \cdot \ln x$

$g'(x) = 6x \cdot \ln x + 3x^2 \cdot \dfrac{1}{x} = 6x \cdot \ln x + 3x$ $\qquad = 2x \cdot \ln x^3 + 3x$

• Einen entscheidenden Vorteil erzielt man mit der Umformung nicht. Die Produktregel ist weiterhin beim Ableiten nötig.

Hinweis: Das Ableiten einer ln-Funktion lässt sich manchmal durch vorheriges Umformen des Funktionsterms erleichtern. Zur Bestimmung des Definitionsbereichs und bei der Untersuchung des Verhaltens an den Rändern von $\mathbb{D}$ muss man aber die gegebene Form verwenden.

3 Gegeben ist die Funktion $f(x) = \ln \dfrac{1}{x^2 + 1}$.

a Geben Sie den Definitionsbereich an.

b Untersuchen Sie die Funktion auf Symmetrie.

c Bestimmen Sie das Verhalten der Funktion an den Rändern des Definitionsbereichs.

d Geben Sie die Nullstelle der Funktion an.

e Bestimmen Sie Art und Lage des Extrempunkts.

f Skizzieren Sie den Funktionsgraphen.

Lösung:

a Da sowohl der Zähler (1) als auch der Nenner (x^2+1) des Arguments stets positiv sind, gilt $\mathbb{D}=\mathbb{R}$.

b $f(-x) = \ln\dfrac{1}{(-x)^2+1} = \ln\dfrac{1}{x^2+1} = f(x)$

Der Graph von f(x) verläuft achsensymmetrisch zur y-Achse.

c $\displaystyle\lim_{x\to\pm\infty} \ln\dfrac{1}{x^2+1} = \ln \underbrace{\lim_{x\to\pm\infty} \dfrac{1}{x^2+1}}_{\to\,0} = \text{„}\ln 0\text{“} = -\infty$

d $\dfrac{1}{x^2+1} = 1$

$x^2+1 = 1$

$x^2 = 0$

$x = 0$

Bei $x=0$ befindet sich eine doppelte Nullstelle.

e Ableitung ohne Umformung des Funktionsterms:

$f'(x) = \dfrac{1}{\frac{1}{x^2+1}} \cdot \dfrac{-1\cdot 2x}{(x^2+1)^2} = \dfrac{x^2+1}{1} \cdot \dfrac{-2x}{(x^2+1)^2} = \dfrac{1}{1} \cdot \dfrac{-2x}{x^2+1} = \dfrac{-2x}{x^2+1}$

Oder Ableitung mit vorheriger Umformung des Funktionsterms:

$f(x) = \ln\dfrac{1}{x^2+1} = \ln(x^2+1)^{-1} = -\ln(x^2+1)$

$f'(x) = -\dfrac{1}{x^2+1}\cdot 2x = \dfrac{-2x}{x^2+1}$

$f'(x) = 0 \;\Rightarrow\; -2x = 0 \;\Rightarrow\; x = 0$

Bestimmung der Art mithilfe einer Monotoniebetrachtung:

$x\in$	$]-\infty;\,0[$	$]0;\,\infty[$
f'(x)	>0	<0
f(x)	steigt	fällt

Die Funktion hat den Hochpunkt (0|0).

f

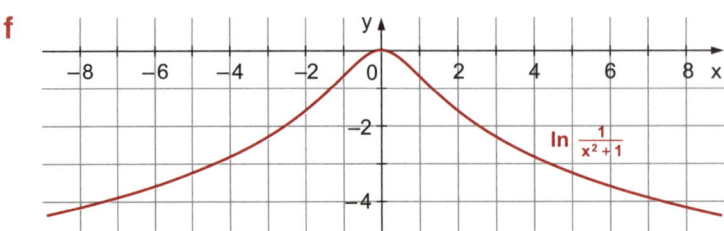

57 Bestimmen Sie Definitionsmenge und Nullstelle(n) der Funktionen.

    a $f(x) = \ln(4 - x^2)$ **b** $g(x) = \ln(x^2 - 2x - 8)$

58 Bestimmen Sie die 1. Ableitung von $g(x) = \ln\dfrac{x^3}{x-3}$. Entscheiden Sie selbst, ob Sie vor dem Bilden der 1. Ableitung den Funktionsterm umformen möchten oder nicht.

59 Bestimmen Sie den Definitionsbereich und untersuchen Sie das Verhalten an den Rändern von $\mathbb{D}$.

    a $f(x) = x^2 \cdot \ln(x^2)$ **b** $g(x) = \dfrac{\ln(x+4)}{x^2}$

60 Ordnen Sie den Funktionen f(x), g(x) und h(x) die passende Stammfunktion zu.

$f(x) = \ln(x-3)$	$g(x) = \dfrac{1}{x-3}$	$h(x) = \dfrac{2x-3}{x^2-3x}$

$\ln\lvert x^2 - 3x \rvert + C$	$-x + (x-3) \cdot \ln(x-3) + C$	$\ln\lvert x-3 \rvert + C$

Zeigen Sie rechnerisch, wie man die Stammfunktion $-x + (x-3) \cdot \ln(x-3) + C$ erhält.

61 Gegeben sind die beiden Funktionen $f(x) = \ln(x^2 - 3)$ und $g(x) = \ln(x - 1)$.

    a   Bestimmen Sie die beiden Definitionsmengen $\mathbb{D}_f$ und $\mathbb{D}_g$.

    b   Zeigen Sie, dass die beiden Funktionen eine gemeinsame Nullstelle besitzen.

    c   Unter welchem Winkel schneiden sich die Graphen von f(x) und g(x) in der gemeinsamen Nullstelle?

62 Gegeben ist die Funktion $f(x) = (4x \ln x)^2$ mit $\mathbb{D} = \mathbb{R}^+$.

    a   Untersuchen Sie das Verhalten an den Rändern des Definitionsbereichs.

    b   Bestimmen Sie die Nullstelle der Funktion.

    c   Zeigen Sie, dass f(x) genau zwei Stellen mit waagrechter Tangente besitzt.

Vertiefe dein Wissen!

63 Bestimmen Sie die Gleichungen der Tangenten an die Funktion $f(x) = x - \ln x$ in den Kurvenpunkten $P(1\,|\,?)$ und $Q(e\,|\,?)$.

64 Gegeben ist die Funktion $f(x) = 10 \cdot \dfrac{0{,}5 - \ln x}{x}$ mit $\mathbb{D} = \mathbb{R}^+$.

 a Untersuchen Sie das Verhalten an den Rändern des Definitionsbereichs und geben Sie die Asymptoten an.

 b Bestimmen Sie die Nullstelle.

 c Zeigen Sie, dass f(x) genau einen Extrempunkt besitzt, und bestimmen Sie dessen Art und Lage.

 d Begründen Sie, warum f(x) einen Wendepunkt besitzen muss, und geben Sie ein Teilintervall von $\mathbb{D}$ an, in dem der Wendepunkt liegt.

65 Tobias bastelt gerne. Sein neues Projekt ist eine kreisrunde Vogeltränke. Der Bereich, der mit Wasser befüllt wird, wird im Querschnitt durch die Funktion $f(x) = \ln(x^2 + 2) + 4$ mit $x \in [-6; 6]$ beschrieben. Die Tränke wurde so weit gefüllt, dass die Oberfläche der Wassers sich auf der Geraden $y = 7$ befindet.

Eine Längeneinheit im Koordinatensystem entspricht 2,5 cm in der Realität.

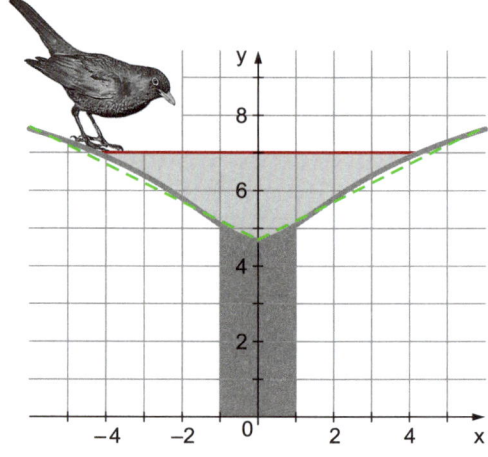

 a Berechnen Sie die Höhe des Wassers in der Tränke.

 b Vögel baden auch gerne mal in einer Tränke, weshalb die Wasseroberfläche groß genug sein muss.
 Bestimmen Sie den Flächeninhalt der Wasseroberfläche.

 c Das Volumen des Wassers lässt sich durch einen Kegel annähern, der durch die Geraden $y = 7$ sowie $y = 0{,}5x + 4{,}7$ und $y = -0{,}5x + 4{,}7$ gebildet wird (siehe die grün gestrichelt eingezeichneten Geraden).
 Berechnen Sie diesen Näherungswert für das Flüssigkeitsvolumen in Litern.

 **Klausur 6**

1

8 BE

Lösen Sie die Gleichungen.

a $\ln x = 3\ln 2 - \frac{1}{2}\ln 4$

b $\ln(x-2) - \ln(4-x) = 0$

2

8 BE

Beschreiben Sie in Stichpunkten, wie der Graph von $f(x) = 7\ln(-x+1)$ aus dem Graphen von $\ln x$ entsteht:

- _____

- _____

- _____

3

31 BE

Gegeben ist die Funktion $f(x) = \ln \frac{x}{x^2+1}$.

a Bestimmen Sie den Definitionsbereich.

b Untersuchen Sie das Verhalten an den Rändern des Definitionsbereichs.

c Zeigen Sie, dass f(x) keine Nullstelle besitzt.

d Geben Sie Art und Lage des Extrempunkts an.

4

26 BE

Die Abbildung zeigt den Graphen der Funktion $f(x) = \frac{10 \cdot \ln x}{x^2}$ mit $\mathbb{D} \in \mathbb{R}^+$.

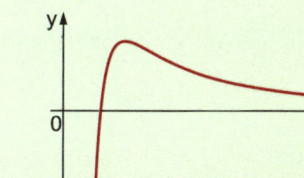

a Bestimmen Sie die Nullstelle.

b Berechnen Sie die Koordinaten des Hochpunkts.

c Zeigen Sie, dass $F(x) = -10 \cdot \left(\frac{1}{x} + \frac{\ln x}{x}\right)$ eine Stammfunktion von f(x) ist.

d Berechnen Sie für $a > 1$ die Fläche, die vom Funktionsgraphen, der x-Achse und der Geraden $x = a$ eingeschlossen wird. Zeichnen Sie die Fläche für ein beliebiges a in die Abbildung ein.

e Bestimmen Sie die Größe dieser Fläche, wenn $a \to +\infty$ strebt, und interpretieren Sie das Ergebnis.

Teste dein Wissen!

5

35 BE

Die Abbildung zeigt die beiden Funktionen $f(x) = 4 - \ln(x^2 + 2x + 2)$ und $g(x) = -x^2 - 2x + 3$.

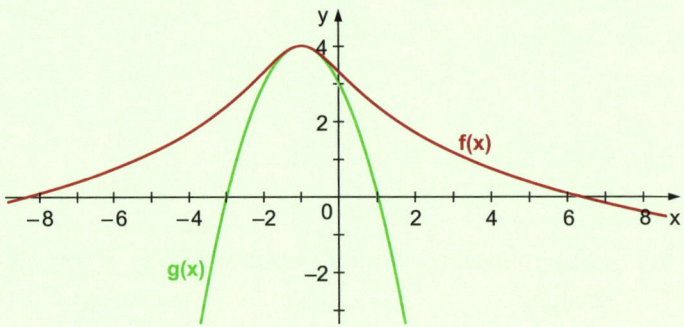

a Zeigen Sie, dass $\mathbb{D}_f = \mathbb{R}$ gilt.

b Weisen Sie nach, dass $f(-1-x) = f(-1+x)$ gilt. Die Gültigkeit dieser Gleichung zeigt, dass der Graph von $f(x)$ symmetrisch zur Senkrechten $x = -1$ ist.

c Es wird behauptet, dass auch der Graph von $g(x)$ zu $x = -1$ symmetrisch ist. Nehmen Sie dazu Stellung.

d Bei beiden Funktionen wird die jeweilige Tangente für $x = 1$ betrachtet. Zeichnen Sie die beiden Tangenten in die Abbildung ein. Berechnen Sie den Winkel, unter dem sich die beiden Tangenten schneiden.

Punkteverteilung (NP $\triangleq$ Notenpunkte; BE $\triangleq$ Bewertungseinheiten):

NP	15	14	13	12	11	10	9	8	7	6	5	4	3	2	1	0
BE	108–104	103–98	97–93	92–88	87–82	81–77	76–72	71–66	65–61	60–56	55–50	49–45	44–38	37–30	29–23	22–0

Funktionenmix

66 Gegeben ist die Funktion $f(x) = \dfrac{4e^x - 2}{e^x - 2}$.

a Zeigen Sie, dass die Funktion nur für $x = \ln 2$ nicht definiert ist und für $x = -\ln 2$ ihre einzige Nullstelle besitzt.

b Untersuchen Sie das Verhalten von f(x) an den Rändern des Definitionsbereichs und geben Sie alle Asymptoten an.

c Bestimmen Sie das Monotonieverhalten der Funktion.

d Geben Sie den Wertebereich $\mathbb{W}_f$ an.

e Die Abbildung zeigt den Graphen der Funktion $g(x) = \dfrac{4e^x - 2}{e^x - 2}$ mit $\mathbb{D} =]\ln 2; +\infty[$.

g(x) besitzt die Umkehrfunktion $g^{-1}(x)$. Geben Sie den Term sowie Definitions- und Wertemenge von $g^{-1}(x)$ an.

f Geben Sie die Gleichungen der Asymptoten von $g^{-1}(x)$ an.

g Skizzieren Sie den Graphen von $g^{-1}(x)$ in der Abbildung. Zeichnen Sie auch die Asymptoten ein.

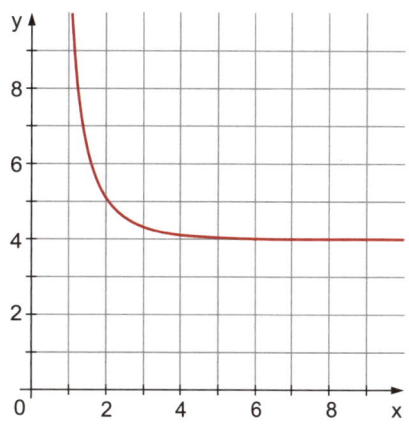

67 Gegeben ist die Funktion $f(x) = (2x - 2) \cdot \ln(2x - 2)$.

a Bestimmen Sie den Definitionsbereich von f(x).

b Untersuchen Sie f(x) auf Nullstellen.

c Bestimmen Sie das Verhalten von f(x) an den Rändern des Definitionsbereichs.

d f(x) besitzt genau einen Extrempunkt. Berechnen Sie seine Lage und seine Art.

e Bestimmen Sie $\lim\limits_{x \to 1^+} f'(x)$. Was bedeutet das Ergebnis für den Verlauf des Graphen von f(x)?

f Skizzieren Sie den Graphen von f(x).

Vertiefe dein Wissen!

68 Die Abbildung zeigt einen Ausschnitt des Graphen von $f(x) = 2x^2 \cdot \cos(2x)$ mit $\mathbb{D} = [-\pi; +\pi]$.

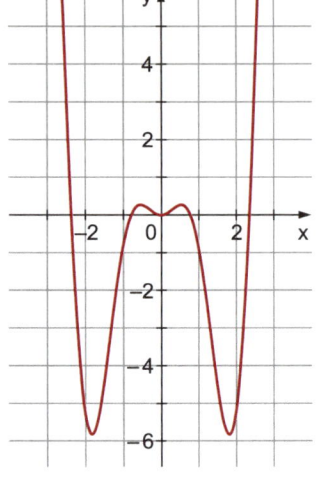

a Zeigen Sie rechnerisch, dass die Funktion achsensymmetrisch zur y-Achse ist.

b Bestimmen Sie die Nullstellen von f(x).

c Ermitteln Sie die Gleichung der Tangente im Kurvenpunkt $\left(-\frac{1}{2}\pi \mid ?\right)$.

d Zeigen Sie, dass

$$F(x) = x\cos(2x) + \left(x^2 - \frac{1}{2}\right)\sin(2x)$$

eine Stammfunktion von f(x) ist.

e Berechnen Sie die Fläche, die der Graph von f(x) zwischen den beiden positiven Nullstellen mit der x-Achse einschließt.

69 Gegeben ist die Funktion $f(x) = \sqrt{1 + 8e^{-x^2}}$ mit $\mathbb{D} = \mathbb{R}$.

a Untersuchen Sie f(x) auf Symmetrie.

b Bestimmen Sie das Verhalten von f(x) für $x \to \pm\infty$. Welche Bedeutung hat das Ergebnis für die Funktion?

c Untersuchen Sie das Monotonieverhalten von f(x) und geben Sie aufgrund des Ergebnisses Lage und Art des Extrempunkts an.

d Geben Sie den Wertebereich von f(x) an.

***e** Betrachtet wird ferner die Integralfunktion $I(x) = \int\limits_{0}^{x} f(t)\, dt$ mit $\mathbb{D} = \mathbb{R}$.

Begründen Sie folgende Aussagen:

Aussage 1	I(x) ist streng monoton steigend in $\mathbb{R}$.
Aussage 2	I(x) besitzt genau eine Nullstelle.
Aussage 3	I(x) besitzt genau einen Wendepunkt.
Aussage 4	I(x) ist punktsymmetrisch zum Ursprung.

Lösungen

Ganzrationale Funktion

1

a $g(12) = -0,8 \cdot 12 - 2 = -9,6 - 2 = -11,6 \neq 10$

Der Punkt $P(12 \mid 10)$ liegt nicht auf der Geraden g.

8 FS

b $m_h = -\dfrac{1}{m_g} = -\dfrac{1}{-0,8} = 1,25 \quad \Rightarrow \quad h(x) = 1,25x + t$

Einsetzen von P: $10 = 1,25 \cdot 12 + t$

$\qquad\qquad\qquad 10 = 15 + t$

$\qquad\qquad\qquad\ t = -5$

Also: $h(x) = 1,25x - 5$

c $1,25x - 5 = 0$

$\quad 1,25x = 5$

$\qquad\quad x = 4 \quad \Rightarrow \quad N(4 \mid 0)$

d Parallele Geraden besitzen dieselbe Steigung:

$m_k = m_g = -0,8 \Rightarrow k(x) = -0,8x + t$

Einsetzen von Q: $13 = -0,8 \cdot (-2) + t$

$\qquad\qquad\qquad 13 = 1,6 + t$

$\qquad\qquad\qquad\ t = 11,4$

Also: $k(x) = -0,8x + 11,4$

e Den Schnittpunkt berechnet man, indem man die Funktionsterme gleichsetzt:

$1,25x - 5 = -0,8x + 11,4$

$\quad 2,05x = 16,4$

$\qquad\ x = 8$

$h(8) = 1,25 \cdot 8 - 5 = 10 - 5 = 5$

h und k schneiden sich im Punkt $S(8 \mid 5)$.

f Siehe Abbildung rechts.

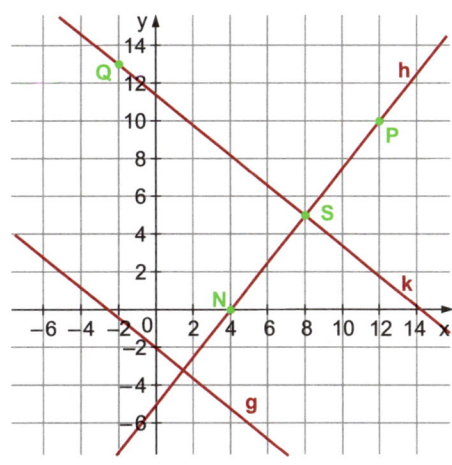

Überprüfe deine Ergebnisse!

2 Da die Maschine lauter gleiche Nägel herstellt, ist auch das Gewicht jedes Nagels dasselbe. Stückzahl und Gewicht sind daher zueinander direkt proportional, sodass bei der Verpackungsmaschine anstelle der Stückzahl auch das Gewicht zur Steuerung verwendet werden kann.

3 **a** Ansatz: $g(x) = m \cdot x + t$

$A \in g$: $8 = m \cdot (-2) + t$ $B \in g$: $1 = m \cdot 5 + t$
      $t = 8 + 2m$ $t = 1 - 5m$

Gleichsetzen ergibt: $8 + 2m = 1 - 5m$
                $7m = -7$
                $m = -1$ $\Rightarrow$ $t = 8 + 2 \cdot (-1) = 6$

Also: $g(x) = -x + 6$

b Ansatz: $h(x) = m \cdot x + t$

$C \in h$: $5 = m \cdot 9 + t$
      $t = 5 - 9m$

$D \in h$: $1 = m \cdot (-3) + t$
      $t = 1 + 3m$

Gleichsetzen ergibt: $5 - 9m = 1 + 3m$
                $-12m = -4$
                $m = \frac{1}{3}$ $\Rightarrow$ $t = 5 - 9 \cdot \frac{1}{3} = 2$

Also: $h(x) = \frac{1}{3}x + 2$

c Gerade g: $-x + 6 = 0$
            $x = 6$ $\Rightarrow$ $N_g(6 \mid 0)$

Gerade h: $\frac{1}{3}x + 2 = 0$
            $x = -6$ $\Rightarrow$ $N_h(-6 \mid 0)$

d Gleichsetzen ergibt: $-x + 6 = \frac{1}{3}x + 2$
                  $-\frac{4}{3}x = -4$
                  $x = 3$ $\Rightarrow$ $S(3 \mid 3)$

e

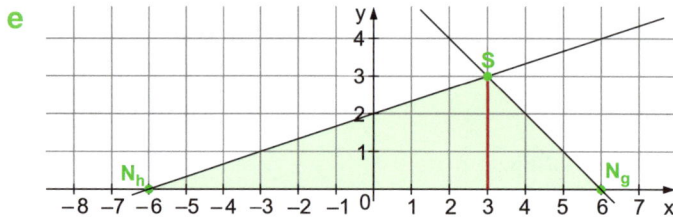

1. Möglichkeit: **elementargeometrisch**

Die Grundlinie des Dreiecks ist die Strecke $[N_hN_g]$, die Höhe ist das Lot von S auf die Grundlinie. Die Länge der Strecke $[N_hN_g]$ beträgt 12. Die Länge der Höhe entspricht der y-Koordinate von S, da $[N_hN_g]$ auf der x-Achse liegt.

$$\text{Fläche} = \frac{1}{2} \cdot 12 \cdot 3 = 18\,[\text{FE}]$$

2. Möglichkeit: mithilfe der **Integralrechnung**

$$\text{Fläche} = \int_{-6}^{3} h(x)\,dx + \int_{3}^{6} g(x)\,dx = \int_{-6}^{3} \left(\frac{1}{3}x + 2\right)dx + \int_{3}^{6} (-x + 6)\,dx$$

$$= \left[\frac{1}{6}x^2 + 2x\right]_{-6}^{3} + \left[-\frac{1}{2}x^2 + 6x\right]_{3}^{6}$$

$$= \left[\frac{1}{6} \cdot 9 + 6 - \left(\frac{1}{6} \cdot 36 - 12\right)\right] + \left[-\frac{1}{2} \cdot 36 + 36 - \left(-\frac{1}{2} \cdot 9 + 18\right)\right] = 18\,[\text{FE}]$$

4 **a** Für den Umfang eines Kreises gilt: $u = 2r\pi$

Oder als Funktion geschrieben: $u(r) = 2r\pi$

Aus der Gleichung folgt: $\dfrac{u(r)}{r} = 2\pi = \text{konstant}$

Für die Fläche eines Kreises gilt: $A = r^2\pi$

Oder als Funktion geschrieben: $A(r) = r^2\pi$

Aus der Gleichung folgt: $\dfrac{A(r)}{r} = r\pi \neq \text{konstant}$

Also sind Radius und Umfang zueinander direkt proportional, Radius und Fläche jedoch nicht.

b Der Funktionsgraph von $u(r) = 2r\pi$ ist eine Ursprungsgerade mit der Steigung 2π.

$\tan\varepsilon = 2\pi \;\Rightarrow\; \varepsilon \approx 80{,}96°$

5 **a**

Kopierer 1	Kopierer 2	Kopierer 3	
✓	✓		Es wurde deutlich mehr als 3 Stunden nicht kopiert.
✓			Es wurde 8 Stunden ununterbrochen kopiert.
	✓	✓	Zwischen 8:30 und 10:30 Uhr wurde nur halb so viel kopiert wie nach 14:00 Uhr.

b Das Diagramm von Kopierer 3 verläuft zwischen 12:00 und 14:00 Uhr am steilsten, somit ist hier die Papierabnahme am größten (400 Blatt je Stunde).

Überprüfe deine Ergebnisse!

c Das Diagramm von Kopierer 1 ist zwischen 8:00 und 10:00 Uhr sowie zwischen 14:00 und 15:00 Uhr gleich steil. Damit ist in diesen Zeiträumen die Papierabnahme gleich stark (100 Blatt je Stunde).

6

Graph	a	b	c	d	e
Funktion	$f_7(x)$	$f_4(x)$	$f_2(x)$	$f_8(x)$	$f_3(x)$

7 **a** Für den y-Wert des Scheitels im II. Quadranten gilt $y > 0$. Damit p_1 zwei Nullstellen besitzt, muss sie nach unten geöffnet sein, also muss $a < 0$ gelten.

b Für den y-Wert des Scheitels im IV. Quadranten gilt $y < 0$. Damit p_2 keine Nullstelle besitzt, muss sie nach unten geöffnet sein, also muss $a < 0$ gelten.

c Eine Parabel besitzt nur dann genau eine Nullstelle, wenn der Scheitel als doppelte Nullstelle auf der x-Achse liegt.

8 Zwei Parabeln können 0, 1 oder 2 gemeinsame Punkte haben. Z. B.:

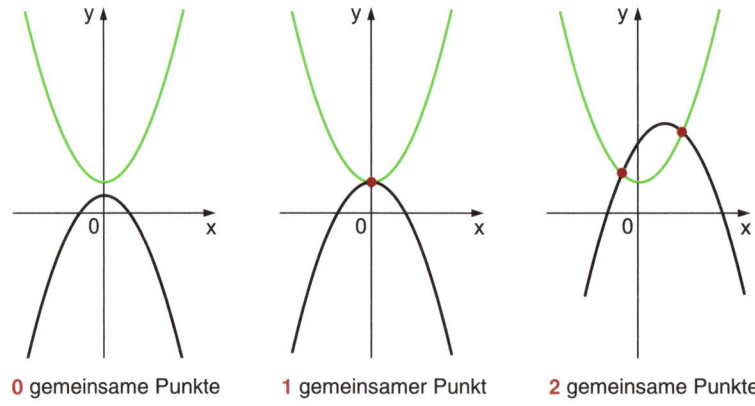

0 gemeinsame Punkte   **1** gemeinsamer Punkt   **2** gemeinsame Punkte

9 **a** Wenn der Graph symmetrisch zu $x = 5$ ist, so hat der Scheitel den x-Wert 5.

1. Lösungsmöglichkeit: **Scheitelform**

Die Lösung erfolgt mithilfe der Scheitelform $f(x) = a(x-5)^2 + y_s$ sowie dem Aufstellen und Lösen eines Gleichungssystems mittels Gleichsetzungsverfahren.

I   Einsetzen von A: $\;0 = a(8-5)^2 + y_s \;\;\Rightarrow\;\; 0 = 9a + y_s \;\;\Rightarrow\;\; y_s = -9a$

II   Einsetzen von B: $\;-4 = a(6-5)^2 + y_s \;\;\Rightarrow\;\; -4 = a + y_s \;\;\Rightarrow\;\; y_s = -4 - a$

I=II: $\;-9a = -4 - a \;\;\Rightarrow\;\; -8a = -4 \;\;\Rightarrow\;\; a = 0{,}5 \;\;\Rightarrow\;\; y_s = -9 \cdot 0{,}5 = -4{,}5$

$\Rightarrow\;\; f(x) = 0{,}5 \cdot (x-5)^2 - 4{,}5$

Überprüfe deine Ergebnisse!

2. Lösungsmöglichkeit: **allgemeine Form**

Die Lösung erfolgt mithilfe der allgemeinen Form $f(x)=ax^2+bx+c$ sowie dem Aufstellen und Lösen eines Gleichungssystems. Eine Gleichung liefert hier die Scheitelbedingung: Im Scheitel liegt ein Extrempunkt der Funktion vor.

I   Einsetzen von A: $0=64a+8b+c \Rightarrow c=-64a-8b$

II Einsetzen von B: $-4=36a+6b+c \Rightarrow c=-4-36a-6b$

III Scheitelbedingung: $f'(5)=0 \Rightarrow 2a\cdot 5+b=0 \Rightarrow b=-10a$

I = II mit Einsetzen von III:

$-64a+80a=-4-36a+60a \Rightarrow 16a=-4+24a \Rightarrow -8a=-4 \Rightarrow a=0,5$

Und somit: $b=-10\cdot 0,5=-5;\quad c=-64\cdot 0,5-8\cdot(-5)=8$

$\Rightarrow f(x)=0,5x^2-5x+8$

b 1. Lösungsmöglichkeit: **Scheitelform**

$0,5\cdot(x-5)^2-4,5=0$

$\qquad\qquad (x-5)^2=9$

$\qquad\qquad\quad x-5=\pm 3$

$\Rightarrow x_1=8$ und $x_2=2$

Beachten Sie, dass Sie beim Wurzelziehen zwei Lösungen erhalten.

2. Lösungsmöglichkeit: **allgemeine Form**

$0,5x^2-5x+8=0 \quad |\cdot 2$

5 FS

$x^2-10x+16=0$

$\Rightarrow x_{1;2}=5\pm\sqrt{(-5)^2-16}=5\pm 3$

$\Rightarrow x_1=8$ und $x_2=2$

10 $f(x)=-x^2+2x+4=-(x^2-2x)+4=-(x^2-2x+1^2)-(-1^2)+4=-(x-1)^2+5$

Die Parabel von $f(x)$ hat den Scheitel $(1|5)$.

a Die Parabel p_2 wird beschrieben durch die Funktion $g(x)=a(x-x_S)^2+y_S$.

Der Scheitel von p_2 hat die Koordinaten $x_S=4$ und $y_S=f(4)=-4$. Setzt man die Koordinaten oben ein, so ergibt sich: $g(x)=a(x-4)^2-4$

Die Parabel p_2 verläuft durch den Scheitel $(1|5)$ von p_1:

$5=a(1-4)^2-4$

$5=9a-4$

$a=1$

Also: $g(x)=(x-4)^2-4=x^2-8x+12$

Anmerkung: Die Funktion $g(x)$ kann auch über die allgemeine Form aufgestellt werden (vgl. Lösung zu Aufgabe 9a, 2. Lösungsmöglichkeit).

Überprüfe deine Ergebnisse!

b Die Parabel p_3 wird durch die Funktion $h(x) = ax^2 + bx + c$ beschrieben. Da sich die Parabeln p_1 und p_3 im Punkt $(0|4)$ berühren, stimmen dort die Koordinaten und die Steigungen überein. Hieraus ergeben sich die ersten beiden Gleichungen. Zudem verläuft p_3 durch $(2|10)$, woraus sich die dritte Gleichung ergibt.

I $h(0) = 4$ $\Rightarrow$ $c = 4$

II $h'(0) = f'(0)$ $\Rightarrow$ $2a \cdot 0 + b = -2 \cdot 0 + 2$ $\Rightarrow$ $b = 2$ $h'(x) = 2ax + b$

III $h(2) = 10$ $\Rightarrow$ $4a + 2b + c = 10$ $f'(x) = -2x + 2$

$b = 2$ und $c = 4$ in III: $4a + 4 + 4 = 10$ $\Rightarrow$ $4a = 2$ $\Rightarrow$ $a = 0,5$

Also: $h(x) = 0,5x^2 + 2x + 4$

11

a $f(x) = ax^2 + bx + c$ (wobei wegen der Öffnung nach unten $a < 0$ gelten muss)

I $f(0) = 3$ $\Rightarrow$ $c = 3$

II $f(1) = 3,8$ $\Rightarrow$ $a + b + c = 3,8$

III $f(3) = 4,8$ $\Rightarrow$ $9a + 3b + c = 4,8$

I in II: $a + b + 3 = 3,8$ $\Rightarrow$ $b = 0,8 - a$

b und c in III: $9a + 2,4 - 3a + 3 = 4,8$ $\Rightarrow$ $a = -0,1$ $\Rightarrow$ $b = 0,9$

Somit: $f(x) = -0,1x^2 + 0,9x + 3$

b Die maximale Höhe entspricht der y-Koordinate des Scheitelpunkts.

1. Lösungsmöglichkeit: **Scheitelform**

$f(x) = -0,1x^2 + 0,9x + 3 = -0,1(x^2 - 9x + \mathbf{4,5^2}) - (\mathbf{-0,1 \cdot 4,5^2}) + 3$

$\qquad = -0,1(x^2 - 4,5) + 5,025$

Die Fontäne erreicht eine Maximalhöhe von 5,025 m über dem Wasserspiegel.

2. Lösungsmöglichkeit: **Scheitel als Extrempunkt**

$f'(x) = -0,2x + 0,9$ $\Rightarrow$ $f'(x) = 0$ $\Rightarrow$ $x = 4,5$

$f(4,5) = -0,1 \cdot 4,5^2 + 0,9 \cdot 4,5 + 3 = 5,025$ $\Rightarrow$ 5,025 m über dem Wasserspiegel

c $f'(0) = 0,9$ Die Steigung m ergibt sich über die 1. Ableitung.

$\tan \varepsilon = 0,9$ $\Rightarrow$ $\varepsilon \approx 42°$

d Die „Spritzweite" der Fontäne in der Luft ergibt sich durch Bestimmung der Nullstelle (Auftreffpunkt auf der Wasseroberfläche).

$\qquad\qquad f(x) = 0$

$-0,1x^2 + 0,9x + 3 = 0$ $|: (-0,1)$

$\qquad x^2 - 9x - 30 = 0$

$\Rightarrow$ $x_{1;2} = 4,5 \pm \sqrt{(-4,5)^2 + 30} = 4,5 \pm 0,5 \cdot \sqrt{201}$

$\Rightarrow$ $x_1 \approx 11,6$ (und $x_2 \approx -2,6$ im Sachzusammenhang ohne Belang)

Die Düsen müssen eine Entfernung von mindestens 23,2 m voneinander haben.

Überprüfe deine Ergebnisse!

12

a Der Funktionsterm enthält nur gerade Potenzen von x.

Alternativ: rechnerisch

$$f(-x) = -\frac{1}{4}[(-x)^4 - 8(-x)^2 + 7] = -\frac{1}{4}[x^4 - 8x^2 + 7] = f(x)$$

b Wie in Beispiel 1 auf den Seiten 21 und 22 erläutert, kann man Lösungen erraten und Polynomdivisionen durchführen. Man kann aber auch **x^2 durch z substituieren,** eine quadratische Gleichung lösen und rücksubstituieren:

$$-\frac{1}{4}(x^4 - 8x^2 + 7) = 0 \quad |\cdot(-4)$$
$$x^4 - 8x^2 + 7 = 0$$

Substitution: $x^2 = z$

5 FS

$$z^2 - 8z + 7 = 0$$
$$\Rightarrow \quad z_{1;2} = 4 \pm \sqrt{(-4)^2 - 7} = 4 \pm 3 \quad \Rightarrow \quad z_1 = 7 \text{ und } z_2 = 1$$

Rücksubstitution:

$$x^2 = 7 \quad \Rightarrow \quad x_1 = \sqrt{7} \text{ und } x_2 = -\sqrt{7}$$
$$x^2 = 1 \quad \Rightarrow \quad x_3 = 1 \text{ und } x_4 = -1$$

11 FS

12 FS

c $f'(x) = -\frac{1}{4}(4x^3 - 16x) = -x^3 + 4x$

$$f''(x) = -3x^2 + 4$$

$$f'(x) = 0 \quad \Rightarrow \quad -x^3 + 4x = 0$$
$$-x(x^2 - 4) = 0$$
$$\Rightarrow \quad x_1 = 0 \quad \text{und} \quad x^2 - 4 = 0$$
$$x^2 = 4 \quad \Rightarrow \quad x_2 = 2 \text{ und } x_3 = -2$$

Bestimmung der Art des Extremwerts mit der 2. Ableitung

$f''(0) = 4 > 0 \quad \Rightarrow \quad$ Tiefpunkt $(0|-1{,}75)$

$f''(2) = -8 < 0 \quad \Rightarrow \quad$ Hochpunkt $(2|2{,}25)$

$f''(-2) = -8 < 0 \quad \Rightarrow \quad$ Hochpunkt $(-2|2{,}25)$

oder: **Bestimmung der Art des Extremwerts mit Monotonietabelle**

$x \in$	$]-\infty; -2[$	$]-2; 0[$	$]0; 2[$	$]2; +\infty[$
$f'(x)$	> 0	< 0	> 0	< 0
$f(x)$	steigt	fällt	steigt	fällt

HP $(-2|2{,}25)$

TP $(0|-1{,}75)$

HP $(2|2{,}25)$

$\boxed{11}_{FS}$
$\boxed{12}_{FS}$

d $f''(x) = -3x^2 + 4$

$f'''(x) = -6x$

$f''(x) = 0 \implies -3x^2 + 4 = 0$

$$x^2 = \frac{4}{3}$$

$$\implies x_{1/2} = \pm\sqrt{\frac{4}{3}} \approx \pm1,15$$

$$f'''\left(\pm\sqrt{\frac{4}{3}}\right) = \mp6\sqrt{\frac{4}{3}} \neq 0$$

$$\implies W_1\left(\sqrt{\frac{4}{3}} \mid \frac{17}{36}\right) \quad \text{und} \quad W_2\left(-\sqrt{\frac{4}{3}} \mid \frac{17}{36}\right)$$

e

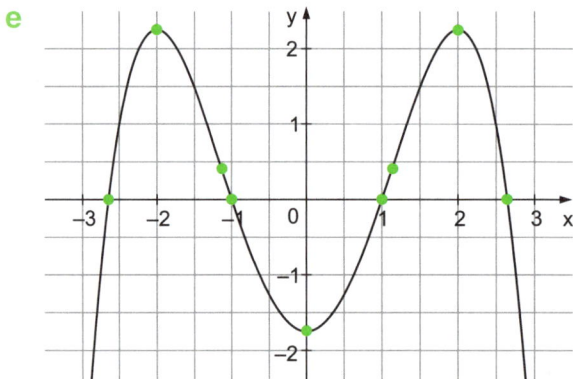

13 Für den Graphen von $f'(x)$ muss gelten:

Graph von $f(x)$	Graph von $f'(x)$
waagrechte Tangenten bei $x = -1$, $x \approx 0,75$ und $x \approx 3,25$	dort sind die Nullstellen
steigt in $]-1; 0,75[$ und in $]3,25; \infty[$	verläuft dort oberhalb der x-Achse
fällt in $]-\infty; -1[$ und in $]0,75; 3,25[$	verläuft dort unterhalb der x-Achse
wechselt bei $x \approx -0,25$ und $x \approx 2,25$ die Krümmung	besitzt dort waagrechte Tangenten

Für den Graphen von $f''(x)$ muss gelten:

Graph von $f(x)$	Graph von $f''(x)$
wechselt bei $x \approx -0,25$ und $x \approx 2,25$ die Krümmung	dort sind die Nullstellen
rechtsgekrümmt in $]-0,25; 2,25[$	verläuft dort unterhalb der x-Achse
linksgekrümmt in $]-\infty; -0,25[$ und in $]2,25; \infty[$	verläuft dort oberhalb der x-Achse

Überprüfe deine Ergebnisse!

Für den Graphen von F(x) muss gelten:

Graph von f(x)	Graph von F(x)	
Nullstellen: $x=-1$, $x=2$, $x=4$	dort sind waagrechte Tangenten	
verläuft in $]-\infty; 2[$ und $]4; \infty[$ oberhalb der x-Achse	steigt dort	F(x) besitzt bei $x=-1$ Terrassenpunkt.
verläuft in $]2; 4[$ unterhalb der x-Achse	fällt dort	
waagrechte Tangenten bei $x=-1$, $x\approx 0,75$ und $x\approx 3,25$	wechselt dort die Krümmung	
steigt in $]-1; 0,75[$ und $]3,25; \infty[$	dort linksgekrümmt	
fällt in $]-\infty; -1[$ und $]0,75; 3,25[$	dort rechtsgekrümmt	

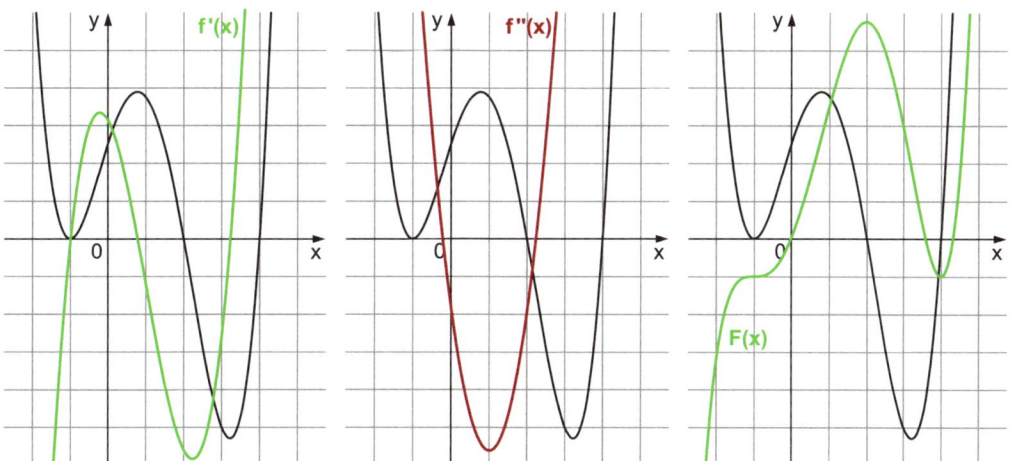

Anmerkung: Die y-Koordinaten an den Stellen mit waagrechter Tangente sind frei gewählt. Die Stammfunktion ist nur bis auf eine additive Konstante C bestimmt. Da hier der Graph durch den Ursprung verläuft, wurde C=0 gewählt.

14

$$f(x) = ax^3 + bx^2 + cx + d \qquad \text{①}$$

$$f'(x) = 3ax^2 + 2bx + c \qquad \text{②}$$

I	$f(1)=2$	$\Rightarrow$	$a+b+c+d=2$	„Hochpunkt in $(1\,|\,2)$"
II	$f'(1)=0$	$\Rightarrow$	$3a+2b+c=0$	„Hochpunkt in $(1\,|\,2)$"
III	$f(-1)=-4$	$\Rightarrow$	$-a+b-c+d=-4$	„verläuft durch $P(-1\,|\,-4)$"
IV	$f(0)=0$	$\Rightarrow$	$d=0$	„hat die Nullstelle $x=0$" ③

I+III mit $d=0$: $2b=-2 \quad \Rightarrow \quad b=-1$
II−I mit $d=0$: $2a+b=-2 \Rightarrow$ mit $b=-1$: $2a-1=-2 \Rightarrow a=-0,5$
$a=-0,5$ und $b=-1$ in II: $3\cdot(-0,5)+2\cdot(-1)+c=0 \Rightarrow c=3,5$ ④

Also: $f(x) = -0,5x^3 - x^2 + 3,5x$

Überprüfe deine Ergebnisse!

15 **a** Die Breite ergibt sich über die Schnittpunkte von f(x) mit der Geraden y = 2:

$$f(x) = 2$$

$$-\frac{16}{27}(x-1,5)^4 + 3 = 2$$

$$(x-1,5)^4 = \frac{27}{16}$$

$$x-1,5 = \pm\sqrt[4]{\frac{27}{16}}$$

$$x = 1,5 \pm \sqrt[4]{\frac{27}{16}}$$

$$1,5 + \sqrt[4]{\frac{27}{16}} - \left(1,5 - \sqrt[4]{\frac{27}{16}}\right) \approx 2,28$$

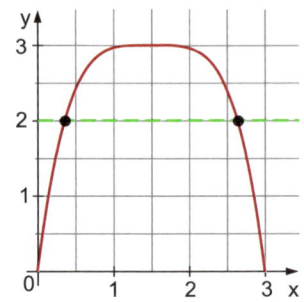

Die Unterführung hat in einer Höhe von 2 m eine Breite von etwa 2,28 m.

b Der Krankenwagen muss die Unterführung mittig passieren, wenn er sie **„gerade noch"** passieren können soll. Da die Funktion f(x) nur gerade Potenzen besitzt und um 1,5 in Richtung der x-Achse verschoben ist, ist sie achsensymmetrisch zu x = 1,5. Bei einer Breite von 2 m nimmt der Wagen daher das x-Intervall [0,5; 2,5] ein.

$$f(0,5) = f(2,5) = -\frac{16}{27}(0,5-1,5)^4 + 3 = 2,407\ldots$$

Um ohne Schrammen durchfahren zu können, muss der Krankenwagen also eine Höhe von 2,4 m unterschreiten.

16 **a** $f'(x) = \frac{1}{16}(4x^3 + 6x^2 - 24x + 14)$

11 FS $f''(x) = \frac{1}{16}(12x^2 + 12x - 24)$

12 FS $f'''(x) = \frac{1}{16}(24x + 12)$

$f'(x) = 0 \Rightarrow 4x^3 + 6x^2 - 24x + 14 = 0$

Erraten: $x_1 = 1$

$$\begin{array}{l}(4x^3 + 6x^2 - 24x + 14) : (x-1) = 4x^2 + 10x - 14 \\ \underline{-(4x^3 - 4x^2)} \\ \qquad 10x^2 - 24x \\ \qquad \underline{-(10x^2 - 10x)} \\ \qquad\qquad -14x + 14 \\ \qquad\qquad \underline{-14x + 14} \\ \qquad\qquad\qquad 0 \end{array}$$

5 FS

$$4x^2 + 10x - 14 = 0 \quad |:4$$

$$x^2 + 2,5x - 3,5 = 0$$

$$\Rightarrow \quad x_{1;2} = -1,25 \pm \sqrt{1,25^2 + 3,5} = -1,25 \pm 2,25$$

$$\Rightarrow \quad x_1 = 1 \quad \text{und} \quad x_2 = -3,5$$

$$f''(1) = 0 \quad \text{und} \quad f'''(1) = \frac{36}{16} \neq 0 \quad \Rightarrow \quad \text{Terrassenpunkt für } x = 1$$

$$f''(-3,5) = \frac{81}{16} > 0 \qquad \qquad \Rightarrow \quad \text{Tiefpunkt für } x = -3,5$$

b $f(-1) = \frac{1}{16}(1 - 2 - 12 - 14 + 59) = 2 \quad \Rightarrow \quad A(-1|2)$

Die Funktion f(x) und die Tangente g(x) haben in A dieselbe Steigung:

$$m = f'(-1) = \frac{1}{16}(-4 + 6 + 24 + 14) = 2,5$$

m = 2,5 und A(–1|2) in die allgemeine Tangentengleichung g(x) = mx + t einsetzen, ergibt:

$$2 = 2,5 \cdot (-1) + t \quad \Rightarrow \quad t = 4,5$$

$$\Rightarrow \quad g(x) = 2,5x + 4,5$$

c Die Parabel soll durch die Punkte (–1|2), (1|4) und (0|6) verlaufen. Setzt man diese Punkte in p(x) = ax² + bx + c ein, so erhält man 3 Gleichungen:

I $p(-1) = 2 \quad \Rightarrow \quad a - b + c = 2$

II $p(1) = 4 \quad \Rightarrow \quad a + b + c = 4$

III $p(0) = 6 \quad \Rightarrow \quad c = 6$

I – II: $-2b = -2 \quad \Rightarrow \quad b = 1$

b und c in I: $a - 1 + 6 = 2 \quad \Rightarrow \quad a = -3$

$$\Rightarrow \quad p(x) = -3x^2 + x + 6$$

d Die Schnittpunkte von f(x) und p(x): A(–1|2) und B(1|4)

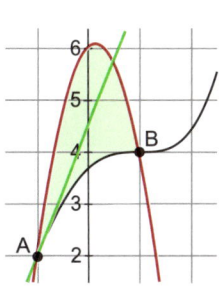

$$A = \int_{-1}^{1} [p(x) - f(x)] \, dx$$

$$= \int_{-1}^{1} \left[(-3x^2 + x + 6) - \frac{1}{16}(x^4 + 2x^3 - 12x^2 + 14x + 59) \right] dx$$

$$= \int_{-1}^{1} \left(-\frac{1}{16}x^4 - \frac{1}{8}x^3 - \frac{9}{4}x^2 + \frac{1}{8}x + \frac{37}{16} \right) dx$$

$$= \frac{1}{16} \int_{-1}^{1} (-x^4 - 2x^3 - 36x^2 + 2x + 37) \, dx$$

Überprüfe deine Ergebnisse!

$$= \frac{1}{16}\left[-\frac{1}{5}x^5 - \frac{1}{2}x^4 - 12x^3 + x^2 + 37x\right]_{-1}^{1}$$

16 FS

$$= \frac{1}{16}\left[\left(-\frac{1}{5} - \frac{1}{2} - 12 + 1 + 37\right) - \left(\frac{1}{5} - \frac{1}{2} + 12 + 1 - 37\right)\right] = 3,1$$

Die von Funktionsgraph und Parabel eingeschlossene Fläche beträgt 3,1 FE.

e Die Fläche A aus Teil d wird durch die Tangente in zwei Flächen geteilt:
- in eine obere Fläche A_1, eingeschlossen zwischen p(x) und g(x)
- in eine untere Fläche A_2, eingeschlossen zwischen g(x), p(x) und f(x)

Bestimmung der Schnittpunkte von Parabel und Tangente:

$$-3x^2 + x + 6 = 2,5x + 4,5$$

5 FS

$$3x^2 + 1,5x - 1,5 = 0$$
$$x^2 + 0,5x - 0,5 = 0$$

$$\Rightarrow x_{1;2} = -0,25 \pm \sqrt{0,25^2 + 0,5} = -0,25 \pm 0,75$$
$$\Rightarrow x_1 = 0,5 \text{ und } x_2 = -1 \text{ (x-Wert vom Punkt A)}$$

A_1 lässt sich über ein Integral und A_2 als Flächendifferenz berechnen:

$$A_1 = \int_{-1}^{0,5} [p(x) - g(x)]\, dx = \int_{-1}^{0,5} \left[(-3x^2 + x + 6) - (2,5x + 4,5)\right] dx$$

16 FS

$$= \int_{-1}^{0,5} (-3x^2 - 1,5x + 1,5)\, dx = \left[-x^3 - 0,75x^2 + 1,5x\right]_{-1}^{0,5} = \frac{27}{16}$$

$$A_2 = A - A_1 = 3,1 - \frac{27}{16} = \frac{113}{80}$$

Flächenverhältnis:

$$A_1 : A_2 = \frac{27}{16} : \frac{113}{80} = \frac{135}{113} = 135 : 113 \approx 6 : 5$$

17 **a** $f_a(2) = 8 - 8 - 2a^2 + 2a^2 = 0$ ist unabhängig von a

b $x^3 - 2x^2 - a^2x + 2a^2 = 0$
Gegeben: $x_1 = 2$

$$\begin{array}{l}(x^3 - 2x^2 - a^2x + 2a^2) : (x - 2) = x^2 - a^2 \\ \underline{-(x^3 - 2x^2)} \\ \qquad\qquad -a^2x + 2a^2 \\ \qquad\quad \underline{-(-a^2x + 2a^2)} \\ \qquad\qquad\qquad\qquad 0\end{array}$$

1 FS

$$x^2 - a^2 = 0 \Rightarrow (x + a)(x - a) = 0 \Rightarrow x_{2;3} = \pm a$$

Überprüfe deine Ergebnisse!

11 FS   c $f_a'(x) = 3x^2 - 4x - a^2$

12 FS $3x^2 - 4x - a^2 = 0 \quad |:3$

5 FS $x^2 - \dfrac{4}{3}x - \dfrac{1}{3}a^2 = 0$

$$\Rightarrow \quad x_{1;2} = \frac{2}{3} \pm \sqrt{\left(-\frac{2}{3}\right)^2 + \frac{1}{3}a^2} = \frac{2}{3} \pm \sqrt{\frac{4}{9} + \frac{1}{3}a^2}$$

Da unter der Wurzel mit $\frac{4}{9} + \frac{1}{3}a^2$ für alle a etwas Positives steht, besitzt die Gleichung $f_a'(x) = 0$ stets 2 Lösungen und somit $f_a(x)$ stets 2 Stellen mit waagrechter Tangente.

11 FS   d $f_a''(x) = 6x - 4$

12 FS $f_a'''(x) = 6 \neq 0$

$f_a''(x) = 0 \quad \Rightarrow \quad 6x - 4 = 0 \quad \Rightarrow \quad x = \frac{2}{3} \quad \Rightarrow \quad W\left(\frac{2}{3} \,\middle|\, -\frac{16}{27} + \frac{4}{3}a^2\right)$

Alle Wendepunkte liegen auf der Geraden $x = \frac{2}{3}$, da (nur) der x-Wert unabhängig von a ist.

e   Der Graph von $f_a(x)$ schneidet die x-Achse in $(2|0)$, $(a|0)$ und $(-a|0)$:
- Für $a = 0$ ergeben sich $(2|0)$, $(0|0)$ und $(0|0)$, also liegt für $x = 0$ eine doppelte Nullstelle vor.
- Für $a = 2$ ergeben sich $(2|0)$, $(2|0)$ und $(-2|0)$, also liegt für $x = 2$ eine doppelte Nullstelle vor.

f   Für $a > 2$ haben die Nullstellen auf der x-Achse die Lage:

Wegen $\lim\limits_{x \to -\infty} f_a(x) = -\infty$ und $\lim\limits_{x \to +\infty} f_a(x) = +\infty$ verläuft der Graph von $f_a(x)$ im Intervall $]-a; 2[$ oberhalb und im Intervall $]2; a[$ unterhalb der x-Achse. Für die eingeschlossene Fläche gilt somit:

$$A = \int_{-a}^{2} (x^3 - 2x^2 - a^2x + 2a^2)\,dx - \int_{2}^{a} (x^3 - 2x^2 - a^2x + 2a^2)\,dx$$

$$= \left[\frac{1}{4}x^4 - \frac{2}{3}x^3 - \frac{1}{2}a^2x^2 + 2a^2x\right]_{-a}^{2} - \left[\frac{1}{4}x^4 - \frac{2}{3}x^3 - \frac{1}{2}a^2x^2 + 2a^2x\right]_{2}^{a}$$

16 FS $$= \left[4 - \frac{16}{3} - 2a^2 + 4a^2 - \left(\frac{1}{4}a^4 + \frac{2}{3}a^3 - \frac{1}{2}a^4 - 2a^3\right)\right]$$

$$- \left[\frac{1}{4}a^4 - \frac{2}{3}a^3 - \frac{1}{2}a^4 + 2a^3 - \left(4 - \frac{16}{3} - 2a^2 + 4a^2\right)\right]$$

Überprüfe deine Ergebnisse!

$$= \left[-\frac{4}{3} + 2a^2 + \frac{1}{4}a^4 + \frac{4}{3}a^3 \right] - \left[-\frac{1}{4}a^4 + \frac{4}{3}a^3 + \frac{4}{3} - 2a^2 \right]$$

$$= -\frac{8}{3} + 4a^2 + \frac{1}{2}a^4$$

Die Fläche soll eine Größe von $189\frac{1}{3}$ Flächeneinheiten haben:

$$-\frac{8}{3} + 4a^2 + \frac{1}{2}a^4 = 189\frac{1}{3}$$

$$\frac{1}{2}a^4 + 4a^2 - 192 = 0$$

$$a^4 + 8a^2 - 384 = 0$$

Substitution: $a^2 = z$

5 FS

$$z^2 + 8z - 384 = 0$$

$$\Rightarrow \quad z_{1;\,2} = -4 \pm \sqrt{4^2 + 384} = -4 \pm 20$$

$$\Rightarrow \quad z_1 = 16 \quad \text{und} \quad z_2 = -24$$

Rücksubstitution:

$a^2 = 16 \quad \Rightarrow \quad a_1 = 4$ (und $a_2 = -4$, aber erfüllt $a > 2$ nicht)

$a^2 = -24 \quad \Rightarrow \quad$ Widerspruch!

Für $a = 4$ hat die von der Funktion $f_a(x)$ und der x-Achse eingeschlossene Fläche die Größe $189\frac{1}{3}$ [FE].

Überprüfe deine Ergebnisse!

Klausur 1

1
(8)

a $tx^2 - 2t^2x + t^3 + 1 = 0 \quad |:t$

$\qquad x^2 - 2tx + t^2 + \frac{1}{t} = 0$

$\Rightarrow x_{1;2} = t \pm \sqrt{(-t)^2 - \left(t^2 + \frac{1}{t}\right)} = t \pm \sqrt{t^2 - t^2 - \frac{1}{t}} = t \pm \sqrt{-\frac{1}{t}}$

- Für **t > 0** ist $\sqrt{-\frac{1}{t}}$ nicht definiert. Für t > 0 gibt es somit **keine** Nullstelle.

- Für **t < 0** hat die Gleichung $f_t(x) = 0$ zwei Lösungen, also gibt es für t < 0 **zwei** Nullstellen, nämlich $x_1 = t + \sqrt{-\frac{1}{t}}$ und $x_2 = t - \sqrt{-\frac{1}{t}}$.

b
(8)
Scheitelbestimmung z. B. mithilfe quadratischer Ergänzung:

$f_t(x) = tx^2 - 2t^2x + t^3 + 1 = t(x^2 - 2tx + t^2) - t \cdot t^2 + t^3 + 1 = t(x-t)^2 + 1$

Der Scheitel hat die Koordinaten (t | 1) und ist für t < 0 ein Hochpunkt und für t > 0 ein Tiefpunkt. Da die **Scheitel aller Scharfunktionen** den **y-Wert 1** haben, liegen alle Scheitel auf der Geraden y = 1.

2
(15)

a $x^4 - 4x^3 - 6x^2 + 4x + 5 = 0$

Erraten: $x_1 = 1$

$\begin{array}{l}
(x^4 - 4x^3 - 6x^2 + 4x + 5) : (x - 1) = x^3 - 3x^2 - 9x - 5 \\
\underline{-(x^4 - x^3)} \\
\qquad -3x^3 - 6x^2 \\
\qquad \underline{-(-3x^3 + 3x^2)} \\
\qquad\qquad -9x^2 + 4x \\
\qquad\qquad \underline{-(-9x^2 + 9x)} \\
\qquad\qquad\qquad -5x + 5 \\
\qquad\qquad\qquad \underline{-(-5x + 5)} \\
\qquad\qquad\qquad\qquad 0
\end{array}$

$x^3 - 3x^2 - 9x - 5 = 0$

Erraten: $x_2 = -1$

$\begin{array}{l}
(x^3 - 3x^2 - 9x - 5) : (x + 1) = x^2 - 4x - 5 \\
\underline{-(x^3 + x^2)} \\
\qquad -4x^2 - 9x \\
\qquad \underline{-(-4x^2 - 4x)} \\
\qquad\qquad -5x - 5 \\
\qquad\qquad \underline{-(-5x - 5)} \\
\qquad\qquad\qquad 0
\end{array}$

5 FS
$$x^2 - 4x - 5 = 0$$

$$\Rightarrow \quad x_{3;4} = 2 \pm \sqrt{(-2)^2 + 5} = 2 \pm 3$$

$$\Rightarrow \quad x_3 = 5 \text{ und } x_4 = -1$$

Die Nullstellen liegen bei $x_{2;4} = -1$ (doppelt), $x_1 = 1$ und $x_3 = 5$.

Für das Skizzieren wird das Verhalten des Graphen im Unendlichen betrachtet:

$$\lim_{x \to \pm\infty} f(x) = +\infty$$

Hieraus folgt:

- ■ $f(x) > 0$ in $]-\infty; -1[\cup]-1; 1[\cup]5; +\infty[$

- ■ $f(x) < 0$ in $]1; 5[$

Anmerkung: Auf die genaue Lage der Extrempunkte kommt es in der Skizze nicht an.

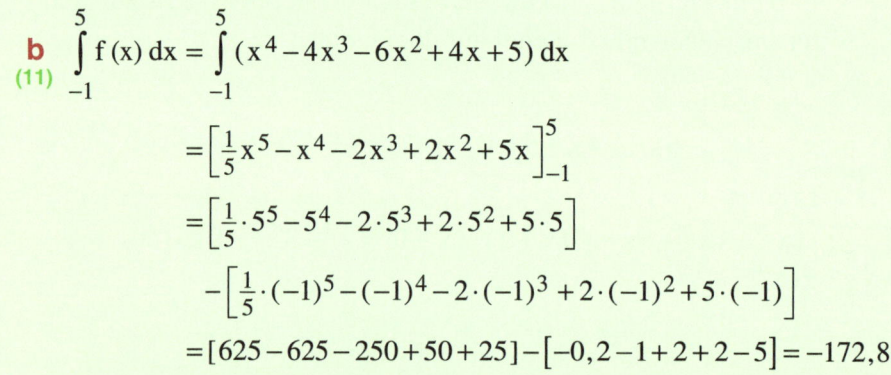

b $\int\limits_{-1}^{5} f(x)\,dx = \int\limits_{-1}^{5} (x^4 - 4x^3 - 6x^2 + 4x + 5)\,dx$
(11)

16 FS

$$= \left[\tfrac{1}{5}x^5 - x^4 - 2x^3 + 2x^2 + 5x \right]_{-1}^{5}$$

$$= \left[\tfrac{1}{5} \cdot 5^5 - 5^4 - 2 \cdot 5^3 + 2 \cdot 5^2 + 5 \cdot 5 \right]$$

$$\quad - \left[\tfrac{1}{5} \cdot (-1)^5 - (-1)^4 - 2 \cdot (-1)^3 + 2 \cdot (-1)^2 + 5 \cdot (-1) \right]$$

$$= [625 - 625 - 250 + 50 + 25] - [-0,2 - 1 + 2 + 2 - 5] = -172,8$$

Da die Flächenbilanz negativ ist, muss die eingeschlossene Fläche unterhalb der x-Achse größer sein als die Fläche oberhalb der x-Achse.

3

a F(x) fällt in $]-\infty; -2[$, da dort $f(x) < 0$.
(5) F(x) steigt in $]-2; 4[$ und $]4; +\infty[$, da dort $f(x) > 0$.

b F(x) hat waagrechte Tangenten für $x = -2$ und $x = 4$, da dort $f(x) = 0$.
(3)

c Da $f(x)$ nur an seiner Nullstelle **x = −2** das Vorzeichen wechselt, liegt nur für
(6) $x = -2$ ein Extremwert vor. Es handelt sich wegen Teil a um einen Tiefpunkt.

f(x) besitzt für $x = 4$ eine doppelte Nullstelle, die die x-Achse als waagrechte Tangente besitzt. Also gilt $f(4) = 0$ und $f'(4) = 0$. Wegen $f(4) = 0$ gilt $F'(4) = 0$ und wegen $f'(4) = 0$ gilt $F''(4) = 0$. Somit besitzt F(x) für $x = 4$ einen Terrassenpunkt.

Anmerkung: $f''(4) = F'''(4) \neq 0$, da $f(x)$ dort das Krümmungsverhalten beibehält.

Überprüfe deine Ergebnisse!

d $F(x) = \int\limits_{0}^{x} f(t)\,dt = 0$
(5)

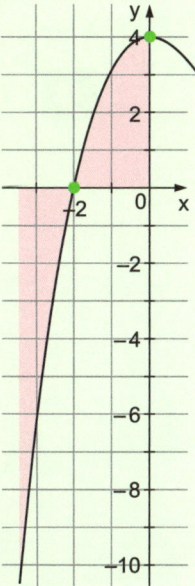

Stimmen obere und untere Grenze überein, so ist die Fläche auf jeden Fall 0, also $x_1 = 0$.

Für $x > 0$ gilt $F(x) > 0$, da die eingeschlossenen Flächen stets oberhalb der x-Achse liegen. Es kann also für $x > 0$ keine Nullstelle von $F(x)$ geben.

Für $x < 0$ wird in die „falsche" Richtung integriert. Oberhalb der x-Achse liegende Flächen gehen also negativ, unterhalb der x-Achse liegende Flächen positiv in die Flächenbilanz $F(x)$ ein. Der größte negative Wert für $F(x)$ ergibt sich für $x = -2$ (siehe auch Teil c). Es gibt also eine zweite Nullstelle mit $x_2 < -2$.

Anmerkung: Ein Abschätzen der eingeschlossenen Flächen liefert $x_2 \approx -3{,}5$ (siehe Abbildung).

e Die näherungsweise Bestimmung
(11) der Funktionswerte erfolgt durch Abzählen der zur jeweiligen Fläche gehörenden Kästchen.

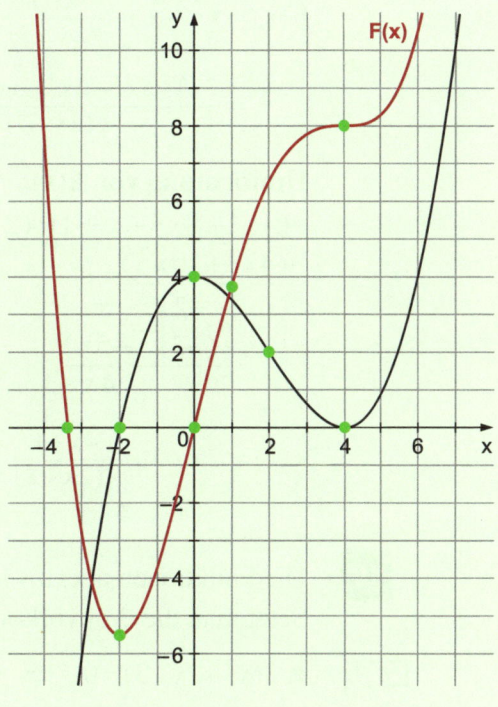

$F(1) = \int\limits_{0}^{1} f(t)\,dt \approx 3{,}7$

$F(4) = \int\limits_{0}^{4} f(t)\,dt \approx 8$

$F(-2) = \int\limits_{0}^{-2} f(t)\,dt \approx -5{,}5$

Gebrochenrationale Funktion

18 **Umformung von f(x):**

$$(2x^3 + 13x^2 + 14x - 2) : (4x^2 + 10x) = \frac{1}{2}x + 2 + \text{Restglied}$$

$$\underline{-(2x^3 + 5x^2)}$$

$$\qquad 8x^2 + 14x$$

$$\qquad \underline{-(8x^2 + 20x)}$$

$$\qquad\qquad -6x - 2$$

$$f(x) = \frac{1}{2}x + 2 + \frac{-6x - 2}{4x^2 + 10x} = \frac{1}{2}x + 2 - \frac{2(3x + 1)}{2x(2x + 5)} = \frac{1}{2}x + 2 - \frac{3x + 1}{x(2x + 5)} = \mathbf{G}$$

Umformung von g(x):

$$g(x) = \frac{1}{3} - \frac{4x - 1}{3x(2x + 5)} = \frac{1 \cdot x(2x + 5) - (4x - 1)}{3x(2x + 5)} = \frac{2x^2 + 5x - 4x + 1}{3x(2x + 5)} = \frac{2x^2 + x + 1}{3x(2x + 5)} = \mathbf{A}$$

Umformung von h(x):

$$h(x) = x^2 - x + \frac{3x - 1}{x(2x + 5)} = \frac{x^2 \cdot x(2x + 5) - x \cdot x(2x + 5) + 3x - 1}{x(2x + 5)}$$

$$= \frac{2x^4 + 5x^3 - 2x^3 - 5x^2 + 3x - 1}{x(2x + 5)} = \frac{2x^4 + 3x^3 - 5x^2 + 3x - 1}{x(2x + 5)} = \mathbf{C}$$

Umformung von k(x):

$$(4x^3 + 8x^2 - x + 1) : (2x^2 + 5x) = 2x - 1 + \text{Restglied}$$

$$\underline{-(4x^3 + 10x^2)}$$

$$\qquad -2x^2 - x$$

$$\qquad \underline{-(-2x^2 - 5x)}$$

$$\qquad\qquad 4x + 1$$

$$k(x) = 2x - 1 + \frac{4x + 1}{x(2x + 5)} = \mathbf{D}$$

19 Die Funktionen a(x) bis h(x) haben alle den Definitionsbereich $\mathbb{D} = \mathbb{R} \setminus \{-3; 4\}$. Setzt man die drei vorkommenden Zähler null, so ergibt sich:

5 FS

■ $3(x^2 - 2x - 3) = 0 \quad \Rightarrow \quad x_{1;2} = 1 \pm \sqrt{(-1)^2 + 3} = 1 \pm 2 \qquad \Rightarrow \quad x = 3 \text{ und } x = -1$

■ $3(x^2 - 2x + 3) = 0 \quad \Rightarrow \quad x_{1;2} = 1 \pm \sqrt{(-1)^2 - 3} = 1 \pm \sqrt{-2} \quad \Rightarrow \quad \text{keine Nullstelle}$

■ $3(x^2 + 2x - 3) = 0 \quad \Rightarrow \quad x_{1;2} = -1 \pm \sqrt{1^2 + 3} = -1 \pm 2 \qquad \Rightarrow \quad x = 1 \text{ und } x = -3$

Beachten Sie, dass $x = -3$ auch eine Nullstelle des Nenners ist.

Graph **I:**   Pol ohne VZW bei $x = -3$ $\Rightarrow$ $(x+3)^2$ im Nenner

              Pol mit VZW bei $x = 4$ $\Rightarrow$ $(x-4)$ im Nenner

              Nullstellen $x = -1$ und $x = 3$ $\Rightarrow$ $3(x^2 - 2x - 3)$ im Zähler   **h(x)**

Graph **II:**   Pol mit VZW bei $x = -3$ $\Rightarrow$ $(x+3)$ im Nenner

              Pol ohne VZW bei $x = 4$ $\Rightarrow$ $(x-4)^2$ im Nenner

              keine Nullstellen $\Rightarrow$ $3(x^2 - 2x + 3)$ im Zähler   **e(x)**

Graph **III:**   ein Loch bei $x = -3$ $\Rightarrow$ $(x+3)$ in Zähler und Nenner

              Pol mit VZW bei $x = 4$ $\Rightarrow$ $(x-4)$ im Nenner

              Nullstelle $x = 1$, Loch $x = -3$ $\Rightarrow$ $3(x^2 + 2x - 3)$ im Zähler   **g(x)**

Graph **IV:**   Pol mit VZW bei $x = -3$ $\Rightarrow$ $(x+3)$ im Nenner

              Pol mit VZW bei $x = 4$ $\Rightarrow$ $(x-4)$ im Nenner

              Nullstellen $x = -1$ und $x = 3$ $\Rightarrow$ $3(x^2 - 2x - 3)$ im Zähler   **a(x)**

20 Eine Funktion ist **achsensymmetrisch** zur y-Achse, wenn $f(-x) = f(x)$ gilt. Diese Forderung ist für die gebrochenrationale Funktion $f(x) = \frac{u(x)}{v(x)}$ erfüllt, wenn gilt:

$f(-x) = \frac{u(x)}{v(x)}$ $\Rightarrow$ $\frac{u(-x)}{v(-x)} = \frac{u(x)}{v(x)}$ Zähler und Nenner positiv

oder $\Downarrow$ Ergebnis: $f(x)$

$f(-x) = \frac{-u(x)}{-v(x)}$ $\Rightarrow$ $\frac{u(-x)}{v(-x)} = \frac{-u(x)}{-v(x)}$ $\Uparrow$ Zähler und Nenner negativ

Eine gebrochenrationale Funktion ist achsensymmetrisch zur y-Achse,

- wenn **Zähler und Nenner achsensymmetrisch** zur y-Achse sind, also dort nur gerade Potenzen von x vorhanden sind
- oder wenn **Zähler und Nenner punktsymmetrisch** zum Ursprung sind, also dort nur ungerade Potenzen von x vorhanden sind.

Eine Funktion ist **punktsymmetrisch** zum Ursprung, wenn $f(-x) = -f(x)$ gilt. Diese Forderung ist für $f(x) = \frac{u(x)}{v(x)}$ erfüllt, wenn gilt:

$f(-x) = \frac{-u(x)}{v(x)}$ $\Rightarrow$ $\frac{u(-x)}{v(-x)} = \frac{-u(x)}{v(x)}$ Zähler negativ, Nenner positiv

oder $\Downarrow$ Ergebnis: $-f(x)$

$f(-x) = \frac{u(x)}{-v(x)}$ $\Rightarrow$ $\frac{u(-x)}{v(-x)} = \frac{u(x)}{-v(x)}$ $\Uparrow$ Zähler positiv, Nenner negativ

Eine gebrochenrationale Funktion ist punktsymmetrisch zum Ursprung,

- wenn der **Zähler punktsymmetrisch zum Ursprung und der Nenner achsensymmetrisch zur y-Achse** ist, also im Zähler nur ungerade und im Nenner nur gerade Potenzen von x vorhanden sind

Überprüfe deine Ergebnisse!

■ oder wenn der **Zähler achsensymmetrisch zur y-Achse und der Nenner punktsymmetrisch zum Ursprung** ist, also im Zähler nur gerade und im Nenner nur ungerade Potenzen von x vorhanden sind.

21 a $f(x) = \dfrac{3}{x^4} - \dfrac{2}{x^3} + \dfrac{1}{x^2} - x^2 + 2x - 3 = 3x^{-4} - 2x^{-3} + x^{-2} - x^2 + 2x - 3$

2 FS $F(x) = -x^{-3} + x^{-2} - x^{-1} - \dfrac{1}{3}x^3 + x^2 - 3x + C = -\dfrac{1}{x^3} + \dfrac{1}{x^2} - \dfrac{1}{x} - \dfrac{1}{3}x^3 + x^2 - 3x + C$

b $g(x) = \dfrac{3x^3 - 4x^2 + 6x - 5}{x^2} = 3x - 4 + 6x^{-1} - 5x^{-2}$

$G(x) = \dfrac{3}{2}x^2 - 4x + 6\ln|x| - \dfrac{5}{-1}x^{-1} = \dfrac{3}{2}x^2 - 4x + 6\ln|x| + \dfrac{5}{x} + C$

c $h(x) = \dfrac{8x + 4}{(x-2)(x+3)} = \dfrac{4(2x+1)}{x^2 + x - 6} = \dfrac{4(x^2 + x - 6)'}{x^2 + x - 6}$

$H(x) = 4\ln|x^2 + x - 6| + C$

22 a $(x+4)^2 = 0 \;\Rightarrow\; x + 4 = 0 \;\Rightarrow\; x = -4 \;\Rightarrow\; \mathbb{D} = \mathbb{R} \setminus \{-4\}$

1 FS b $\displaystyle\lim_{x \to \pm\infty} \dfrac{2x^2 - 8}{x^2 + 8x + 16} = \dfrac{2}{1} = 2$ $\qquad\qquad \dfrac{a_m}{b_n} = \dfrac{2}{1} = 2$

10 FS $\displaystyle\lim_{x \to -4^-} \dfrac{2(x^2 - 4)}{(x+4)^2} = \dfrac{2((-4)^2 - 4)}{(0^-)^2} = \dfrac{24}{0^+} = +\infty$

$\displaystyle\lim_{x \to -4^+} \dfrac{2(x^2 - 4)}{(x+4)^2} = \dfrac{2((-4)^2 - 4)}{(0^+)^2} = \dfrac{24}{0^+} = +\infty$

c senkrechte Asymptote: $x = -4$
waagrechte Asymptote: $y = 2$

d $2(x^2 - 4) = 0 \;\Rightarrow\; x^2 = 4 \;\Rightarrow\; x = \pm 2$ $\qquad$ Zähler = 0 setzen

14 FS e $f'(x) = \dfrac{2 \cdot 2x \cdot (x+4)^2 - 2(x^2 - 4) \cdot 2(x+4)}{(x+4)^4} = \dfrac{4x \cdot (x+4) - 4 \cdot (x^2 - 4)}{(x+4)^3}$

$= \dfrac{4x^2 + 16x - 4x^2 + 16}{(x+4)^3} = \dfrac{16(x+1)}{(x+4)^3}$

$f''(x) = \dfrac{16 \cdot (x+4)^3 - 16(x+1) \cdot 3(x+4)^2}{(x+4)^6} = \dfrac{16 \cdot (x+4) - 48 \cdot (x+1)}{(x+4)^4}$

$= \dfrac{16x + 64 - 48x - 48}{(x+4)^4} = \dfrac{-32x + 16}{(x+4)^4}$

$f'(x) = 0 \;\Rightarrow\; 16(x+1) = 0 \;\Rightarrow\; x = -1$

Überprüfe deine Ergebnisse!

$$f''(-1) = \frac{-32(-1)+16}{(-1+4)^4} = \frac{48}{81} > 0$$

$$f(-1) = \frac{2((-1)^2-4)}{(-1+4)^2} = \frac{-6}{9} = -\frac{2}{3} \implies \text{Tiefpunkt } \left(-1 \mid -\frac{2}{3}\right)$$

f $f''(x)=0 \implies -32x+16=0 \implies x=0,5$

Wegen $f''(x)>0$ für $x<0,5$ und $f''(x)<0$ für $x>0,5$ ändert sich für $x=0,5$ das Krümmungsverhalten.

$$f(0,5) = \frac{2(0,5^2-4)}{(0,5+4)^2} = -\frac{10}{27} \implies W\left(0,5 \mid -\frac{10}{27}\right)$$

g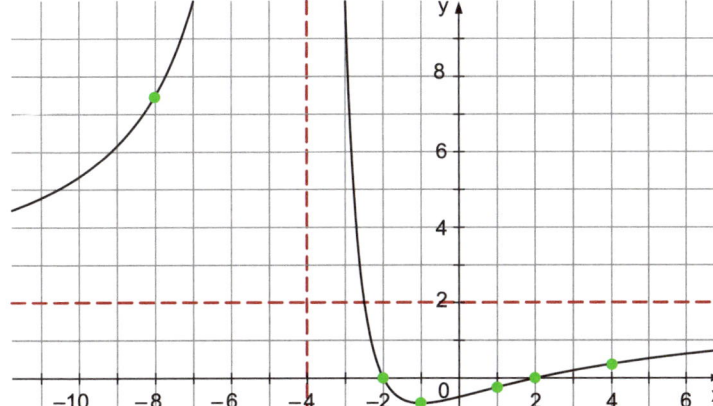

$f(4)=0,375$
$f(-8)=7,5$

Da $x=-4$ doppelte Nullstelle des Nenners und keine Nullstelle des Zählers ist, ist $x=-4$ Polstelle ohne Vorzeichenwechsel (siehe auch Teil b).

h $\mathbb{W} = \left[-\frac{2}{3}; +\infty\right[$

i $F'(x) = 2 - 16 \cdot \dfrac{1}{x+4} - 24 \cdot \dfrac{-1}{(x+4)^2} = \dfrac{2 \cdot (x+4)^2 - 16 \cdot (x+4) + 24}{(x+4)^2}$

$$= \frac{2x^2+16x+32-16x-64+24}{(x+4)^2} = \frac{2x^2-8}{(x+4)^2} = \frac{2(x^2-4)}{(x+4)^2} = f(x)$$

j $A = \left| \displaystyle\int_{-2}^{2} f(x)\,dx \right| = \left| \left[2x - 16\ln(x+4) - \dfrac{24}{x+4} \right]_{-2}^{2} \right|$

$$= |(4-16\ln 6-4)-(-4-16\ln 2-12)| = |16-16\ln 6+16\ln 2|$$

$$= |16(1-\ln 6+\ln 2)| \approx |-1,58| = 1,58$$

23

a $g(x)$ hat die Nullstellen $x=-4$, $x=1$ und $x=5 \implies \mathbb{D}_f = \mathbb{R} \setminus \{-4; 1; 5\}$

b $\displaystyle\lim_{x \to \pm\infty} f(x) = \dfrac{1}{\displaystyle\lim_{x \to \pm\infty} g(x)} = \dfrac{1}{-\infty} = 0^-$

10 FS

$$\lim_{x \to -4^-} f(x) = \frac{1}{\lim\limits_{x \to -4^-} g(x)} = \frac{1}{0^-} = -\infty$$

$$\lim_{x \to -4^+} f(x) = \frac{1}{\lim\limits_{x \to -4^+} g(x)} = \frac{1}{0^+} = +\infty$$

$$\lim_{x \to 1^-} f(x) = \frac{1}{\lim\limits_{x \to 1^-} g(x)} = \frac{1}{0^+} = +\infty$$

$$\lim_{x \to 1^+} f(x) = \frac{1}{\lim\limits_{x \to 1^+} g(x)} = \frac{1}{0^+} = +\infty$$

$$\lim_{x \to 5^-} f(x) = \frac{1}{\lim\limits_{x \to 5^-} g(x)} = \frac{1}{0^+} = +\infty$$

$$\lim_{x \to 5^+} f(x) = \frac{1}{\lim\limits_{x \to 5^+} g(x)} = \frac{1}{0^-} = -\infty$$

c waagrechte Asymptote: $y = 0$
senkrechte Asymptoten: $x = -4$; $x = 1$; $x = 5$

d $f(x) > 0$, falls $g(x) > 0$ $\Rightarrow$ $f(x) > 0$ in $]-4; 1[$ und $]1; 5[$

e $f(x) = 0$ $\Rightarrow$ $1 = 0$ ⚡ $\Rightarrow$ $f(x)$ besitzt keine Nullstellen

f Aus der Abbildung liest man ab, dass $g(x)$ bei $(\approx -2,5 \mid \approx 2,8)$ und $(\approx 3,8 \mid \approx 1,4)$ Hochpunkte besitzt. Der Wert eines Bruches ist umso kleiner, je größer bei festem Zähler (hier 1) sein Nenner ist. Die Funktionswerte von $g(x)$ haben im Intervall $]-4; 1[$ ihren größten Wert für $x \approx -2,5$, somit hat $f(x) = \frac{1}{g(x)}$ im Intervall $]-4; 1[$ für $x \approx -2,5$ seinen kleinsten Wert. Analog gilt dies für $x \approx 3,8$.

g $g(\approx -2,5) \approx 2,8$ $\Rightarrow$ $f(\approx -2,5) \approx \frac{1}{2,8} \approx 0,4$

$g(\approx 3,8) \approx 1,4$ $\Rightarrow$ $f(\approx 3,8) \approx \frac{1}{1,4} \approx 0,7$

h

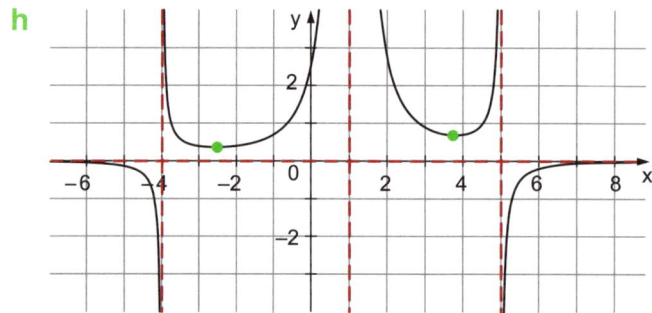

Da $x = -4$ und $x = 5$ einfache Nullstellen von $g(x)$ sind, handelt es sich für $f(x)$ um Polstellen mit Vorzeichenwechsel. $x = 1$ ist doppelte Nullstelle von $g(x)$ und somit Polstelle ohne Vorzeichenwechsel für $f(x)$ (siehe auch Teil b).

24 **a** Allgemeine Form einer Funktion mit schiefer Asymptote:
$f(x)$ = Gleichung der schiefen Asymptote + Restglied

Die schiefe Asymptote ist mit $y = 0{,}5x + 2$ gegeben.
$\Rightarrow f(x) = 0{,}5x + 2 + \text{Restglied}$

Das Restglied kann über die Bedingung „für $x = -4$ einen Pol mit Vorzeichenwechsel" bestimmt werden. $x = -4$ ist also einfache Nullstelle des Nenners (da eine möglichst einfache Funktion gesucht ist, kann man 3-fache, 5-fache … Nullstelle ausschließen).

$$\Rightarrow f(x) = 0{,}5x + 2 + \frac{\text{Zähler}}{x+4}$$

Im Restglied muss der Zählergrad niedriger als der Nennergrad sein, hier steht im Zähler des Restglieds folglich eine Konstante:

$$\Rightarrow f(x) = 0{,}5x + 2 + \frac{c}{x+4}$$

Somit kommt nur der **dritte gegebene Funktionsterm** infrage und man weiß, dass $c = 4$ ist.

Umformung des Terms ergibt:

$$f(x) = 0{,}5x + 2 + \frac{4}{x+4} = \frac{(0{,}5x+2)(x+4)+4}{x+4} = \frac{0{,}5x^2+2x+2x+8+4}{x+4}$$

$$= \frac{0{,}5x^2+4x+12}{x+4} = \frac{x^2+8x+24}{2(x+4)}$$

Somit ist auch der **sechste gegebene Funktionsterm** richtig.

b $$\lim_{x \to -4^-}\left(0{,}5x+2+\frac{4}{x+4}\right) = -2+2+\frac{4}{0^-} = -\infty$$

$$\lim_{x \to -4^+}\left(0{,}5x+2+\frac{4}{x+4}\right) = -2+2+\frac{4}{0^+} = +\infty$$

Alternativ über die andere Termdarstellung:

$$\lim_{x \to -4^-}\frac{x^2+8x+24}{2(x+4)} = \frac{16-32+24}{2\cdot 0^-} = \frac{8}{0^-} = -\infty$$

$$\lim_{x \to -4^+}\frac{x^2+8x+24}{2(x+4)} = \frac{16-32+24}{2\cdot 0^+} = \frac{8}{0^+} = +\infty$$

c $x^2+8x+24 = 0$

$$\Rightarrow x_{1;2} = -4 \pm \sqrt{4^2-24} = -4 \pm \sqrt{-8}$$

Die Funktion besitzt keine Nullstellen.

d Die beiden Funktionen können nur dann für $x \neq 4$ übereinstimmen, wenn die Funktion g(x) für $x = 4$ eine stetig behebbare Definitionslücke („Loch") besitzt. Im Term von f(x) muss also im Zähler und Nenner der Linearfaktor $(x - 4)$ ergänzt werden:

$$g(x) = \frac{(x^2 + 8x + 24)(x - 4)}{2(x + 4)(x - 4)} \quad \text{mit } \mathbb{D}_g = \mathbb{R} \setminus \{\pm 4\}$$

e $\lim\limits_{x \to 4} g(x) = \lim\limits_{x \to 4} \frac{x^2 + 8x + 24}{2(x + 4)} = \frac{4^2 + 8 \cdot 4 + 24}{2(4 + 4)} = \frac{16 + 32 + 24}{16} = 4,5$

Der Graph von g(x) stimmt für $x \neq 4$ mit dem Graphen von f(x) überein. Für $x = 4$ besitzt der Graph von g(x) das „Loch" (4|4,5).

25 **a** $f_a(x) = 0 \Rightarrow x^2 - ax = x(x - a) = 0$

Alle Scharfunktionen besitzen die Nullstelle $x = 0$ sowie die Nullstelle $x = a$.

b $f_a'(x) = \frac{(2x - a)(x - 1) - (x^2 - ax) \cdot 1}{(x - 1)^2} = \frac{2x^2 - 2x - ax + a - x^2 + ax}{(x - 1)^2} = \frac{x^2 - 2x + a}{(x - 1)^2}$

$f_a'(x) = 0 \Rightarrow x^2 - 2x + a = 0$

$\Rightarrow x_{1;2} = 1 \pm \sqrt{(-1)^2 - a} = 1 \pm \sqrt{1 - a}$

$f_a(x)$ besitzt nur dann Extremwerte, wenn der Radikand größer oder gleich 0 ist, also $1 - a \geq 0$. Da die Aufgabenstellung aber fordert, dass $a \in \mathbb{R} \setminus \{1\}$ ist, ergeben sich nur für $a < 1$ Extremwerte.

c $f_a''(x) = \frac{(2x - 2)(x - 1)^2 - (x^2 - 2x + a) \cdot 2(x - 1)}{(x - 1)^4}$

$= \frac{2x^2 - 2x - 2x + 2 - 2x^2 + 4x - 2a}{(x - 1)^3} = \frac{2 - 2a}{(x - 1)^3} = \frac{2(1 - a)}{(x - 1)^3}$

Der Zähler von f''(x) ist wegen $a < 1$ (siehe Teil b) und damit $1 - a > 0$ stets positiv.

$f_a''(1 + \sqrt{1 - a}) = \frac{2(1 - a)}{(1 + \sqrt{1 - a} - 1)^3} = \frac{2(1 - a)}{(\sqrt{1 - a})^3} > 0$

$f_a''(1 - \sqrt{1 - a}) = \frac{2(1 - a)}{(1 - \sqrt{1 - a} - 1)^3} = \frac{2(1 - a)}{(-\sqrt{1 - a})^3} < 0$

Somit ergibt sich für $x = 1 + \sqrt{1 - a}$ ein Tiefpunkt und für $x = 1 - \sqrt{1 - a}$ ein Hochpunkt.

Klausur 2

1

Bei der Ableitung von f(x) hat Lukas vergessen, den Term $1-7x$ im Zähler einzuklammern. Bei der Ableitung des Nenners hat er das Minus vergessen.

14 FS

$$f'(x) = \frac{2x \cdot \mathbf{1 - 7x} - (x^2 - 3) \cdot \mathbf{7}}{(1 - 7x)^2} = \frac{-5x - 7x^2 + 21}{(1 - 7x)^2}$$

Richtig ist:

$$f'(x) = \frac{2x \cdot (1 - 7x) - (x^2 - 3) \cdot (\mathbf{-7})}{(1 - 7x)^2} = \frac{2x - 14x^2 + 7x^2 - 21}{(1 - 7x)^2} = \frac{2x - 7x^2 - 21}{(1 - 7x)^2}$$

Bei der Ableitung von g(x) hat Lukas den Zähler falsch abgeleitet. Die Ableitung von 2 ist 0 und nicht 1. Zudem hat er vergessen, den Nenner abzuleiten:

$$g'(x) = \frac{\mathbf{1} \cdot (x^2 - 3) - 2\mathbf{(x^2 - 3)}}{(x^2 - 3)^2} = \frac{1 - 2}{x^2 - 3} = -\frac{1}{x^2 - 3}$$

Richtig ist:

$$g'(x) = \frac{\mathbf{0 \cdot (x^2 - 3)} - 2 \cdot \mathbf{2x}}{(x^2 - 3)^2} = \frac{-4x}{(x^2 - 3)^2}$$

2

a (3) $x^2 - 6x + 5 = 0$

5 FS

$$\Rightarrow x_{1;2} = 3 \pm \sqrt{(-3)^2 - 5} = 3 \pm 2$$

$$\Rightarrow x_1 = 5 \text{ und } x_2 = 1$$

Hieraus folgt: $\mathbb{D} = \mathbb{R} \setminus \{1; 5\}$

b (12) $\lim\limits_{x \to \pm\infty} \dfrac{12x - 2x^2}{x^2 - 6x + 5} = \dfrac{-2}{1} = -2$ Grad Zähler = Grad Nenner

Mit $\dfrac{12x - 2x^2}{x^2 - 6x + 5} = \dfrac{12x - 2x^2}{(x - 1)(x - 5)}$ folgt:

10 FS

$$\lim\limits_{x \to 1^-} \frac{12x - 2x^2}{(x - 1)(x - 5)} = \frac{12 - 2}{0^- \cdot (-4)} = \frac{10}{0^+} = +\infty$$

$$\lim\limits_{x \to 1^+} \frac{12x - 2x^2}{(x - 1)(x - 5)} = \frac{12 - 2}{0^+ \cdot (-4)} = \frac{10}{0^-} = -\infty$$

$$\lim\limits_{x \to 5^-} \frac{12x - 2x^2}{(x - 1)(x - 5)} = \frac{60 - 50}{4 \cdot 0^-} = \frac{10}{0^-} = -\infty$$

$$\lim\limits_{x \to 5^+} \frac{12x - 2x^2}{(x - 1)(x - 5)} = \frac{60 - 50}{4 \cdot 0^+} = \frac{10}{0^+} = +\infty$$

c
(3) waagrechte Asymptote: $y = -2$

senkrechte Asymptoten: $x = 1$ und $x = 5$

d
(2) $12x - 2x^2 = 0 \;\Rightarrow\; 2x(6-x) = 0 \;\Rightarrow\; x_1 = 0$ und $x_2 = 6$

3

	Nullstelle $x=-1$	Asymptote $x=-1$	Asymptote $y=-1$	schiefe Asymptote
$a(x) = \dfrac{(x+8)(1-x)}{(x+1)(8-x)}$		✗		
$b(x) = x - 1 - \dfrac{8}{(x+1)}$		✗		✗
$c(x) = \dfrac{8-(x+1)^3}{(x+1)^2}$		✗		✗
$d(x) = \dfrac{(x+1)(x-8)}{(1-x)(x+8)}$	✗		✗	

Anmerkung: Eine Begründung ist hier nicht verlangt!

4

a
(4) $x^2 - 9 = 0 \;\Rightarrow\; x^2 = 9 \;\Rightarrow\; x = \pm 3 \;\Rightarrow\; \mathbb{D} = \mathbb{R} \setminus \{-3;\, 3\}$

$f(-x) = \dfrac{-2(-x)}{(-x)^2 - 9} = \dfrac{2x}{x^2 - 9} = -f(x) \qquad \Rightarrow$ Punktsymmetrie zum Ursprung

Alternative Begründung der Symmetrie:

Zähler hat nur ungerade x-Potenzen $\Rightarrow$ punktsymmetrisch zum Ursprung

Nenner hat nur gerade x-Potenzen $\Rightarrow$ achsensymmetrisch zur y-Achse

Hieraus folgt: f(x) ist punktsymmetrisch zum Ursprung (siehe Aufgabe 20).

b
(5) Nullstelle: $f(x) = 0 \;\Rightarrow\; -2x = 0 \;\Rightarrow\; x = 0$

waagrechte Asymptote: $y = 0$ Zählergrad < Nennergrad

senkrechte Asymptoten: $x = -3$ Polstelle mit Vorzeichenwechsel

                                 $x = 3$ Polstelle mit Vorzeichenwechsel

14-FS

c
(10) $f'(x) = \dfrac{-2(x^2-9) + 2x \cdot 2x}{(x^2-9)^2} = \dfrac{-2x^2 + 18 + 4x^2}{(x^2-9)^2} = \dfrac{2x^2 + 18}{(x^2-9)^2} > 0$

Quadrate sind stets positiv. So steht sowohl im Zähler als auch im Nenner für alle x aus $\mathbb{D}$ eine positive Zahl. $\Rightarrow$ f(x) ist in ganz $\mathbb{D}$ streng monoton steigend.

Für den Schnittwinkel an der Nullstelle $x = 0$ gilt:

9-FS

$\tan \alpha = f'(0) = \dfrac{2 \cdot 0^2 + 18}{(0^2 - 9)^2} = \dfrac{18}{81} = \dfrac{2}{9} \;\Rightarrow\; \alpha \approx 12{,}5°$

d
(8)

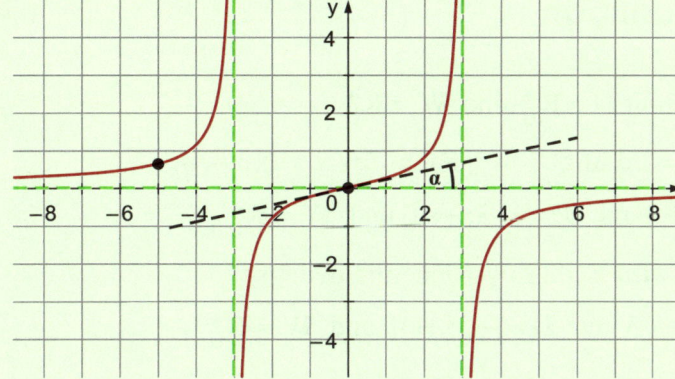

$$f(-5) = \frac{-2 \cdot (-5)}{(-5)^2 - 9}$$

$$= 0{,}625$$

e
(8)

$$f(x) = \frac{-2x}{x^2 - 9} = -\frac{2x}{x^2 - 9} = -\frac{(x^2 - 9)'}{x^2 - 9}$$

$$F(x) = -\ln|x^2 - 9| + C$$

 16 FS

$$\text{Fläche} = \int_0^2 f(x)\,dx = \left[-\ln|x^2 - 9|\right]_0^2 = -\ln|2^2 - 9| + \ln|0^2 - 9|$$

$$= -\ln 5 + \ln 9 \approx 0{,}6\,[\text{FE}]$$

5

Eigenschaften von **f(x)** für $\mathbb{D} = \,]1;\,+\infty[$:

- senkrechte Asymptote: $x = 1$
- schiefe Asymptote: $\quad y = x - 1$

  Denn: $\quad (x^2 - 2x) : (x - 1) = x - 1 - \dfrac{1}{x - 1}$

  $\quad\quad \dfrac{-(x^2 - x)}{\quad\quad -x}$

  $\quad\quad\quad \dfrac{-(-x + 1)}{\quad\quad -1}$

- Wertebereich: $\mathbb{W} = \mathbb{R}$

10 FS

  Denn: $\displaystyle\lim_{x \to 1^+} \frac{x^2 - 2x}{x - 1} = \frac{1 - 2 \cdot 1}{0^+} = \frac{-1}{0^+} = -\infty$

  $\displaystyle\lim_{x \to +\infty} \frac{x^2 - 2x}{x - 1} = \frac{1}{1} \cdot +\infty = +\infty \qquad$ Grad Zähler > Grad Nenner

Für die Umkehrfunktion **f⁻¹(x)** folgt:

- Definitionsbereich: $\mathbb{D} = \mathbb{R}$
- Wertebereich: $\mathbb{W} = \,]1;\,+\infty[$
- Spiegelt man die senkrechte Asymptote $x = 1$ an der Winkelhalbierenden $y = x$, so entsteht für die Umkehrfunktion die waagrechte Asymptote $y = 1$.
- Die schiefe Asymptote $y = x - 1$ ist parallel zur Spiegelachse $y = x$ und wird somit in die Parallele abgebildet, die statt durch $(1\,|\,0)$ durch den Punkt $(0\,|\,1)$ verläuft. Die Umkehrfunktion besitzt somit die schiefe Asymptote $y = x + 1$.

Überprüfe deine Ergebnisse!

Wurzelfunktion

26 $f(x) = \sqrt{x}$ mit $\mathbb{D} = \mathbb{R}_0^+$ und $\mathbb{W} = \mathbb{R}_0^+$

Der Graph wird **um –3 in x-Richtung verschoben**.

$g(x) = \sqrt{x+3}$ mit $\mathbb{D} = [-3; +\infty[$ und $\mathbb{W} = \mathbb{R}_0^+$

Der Graph wird **um 2 in y-Richtung gedehnt**.

$h(x) = 2\sqrt{x+3}$ mit $\mathbb{D} = [-3; +\infty[$ und $\mathbb{W} = \mathbb{R}_0^+$

Der Graph wird **um –4 in y-Richtung verschoben**.

$i(x) = 2\sqrt{x+3} - 4$ mit $\mathbb{D} = [-3; +\infty[$ und $\mathbb{W} = [-4; +\infty[$

27 **a** $f_1'(x) = \dfrac{1}{2\sqrt{3x-1}} \cdot 3 = \dfrac{3}{2\sqrt{3x-1}}$

15 FS

b $f_2'(x) = \dfrac{1}{2\sqrt{3x^2+7x}} \cdot (6x+7) = \dfrac{6x+7}{2\sqrt{3x^2+7x}}$

c $f_3'(x) = 7 \cdot \dfrac{1}{2\sqrt{1-x}} \cdot (-1) = -\dfrac{7}{2\sqrt{1-x}}$

14 FS

d $f_4'(x) = \dfrac{\frac{1}{2\sqrt{x}} \cdot x - \sqrt{x} \cdot 1}{x^2} = \dfrac{\frac{x}{2\sqrt{x}} - \sqrt{x}}{x^2}$

$= \dfrac{x - \sqrt{x} \cdot 2\sqrt{x}}{2\sqrt{x}} \cdot \dfrac{1}{x^2} = \dfrac{x - 2x}{2\sqrt{x}} \cdot \dfrac{1}{x^2} = -\dfrac{1}{2x\sqrt{x}}$

13 FS

e $f_5'(x) = 2 \cdot \sqrt{x} + 2x \cdot \dfrac{1}{2\sqrt{x}} = 2\sqrt{x} + \dfrac{x}{\sqrt{x}} = \dfrac{2x+x}{\sqrt{x}} = \dfrac{3x}{\sqrt{x}}$

f $f_a'(x) = 4ax - \dfrac{1}{2\sqrt{a^2x - ax^2}} \cdot (a^2 - 2ax)$

$= 4ax - \dfrac{a^2 - 2ax}{2\sqrt{a^2x - ax^2}}$

Es wird nach x differenziert, a ist eine beliebige (aber feste) Konstante!

28 **a** $2x + 6 \geq 0 \implies 2x \geq -6 \implies x \geq -3$

$\implies \mathbb{D} = [-3; +\infty[$

b $f(-3) = -\dfrac{1}{2}\sqrt{2(-3) + 6} + 3 = -\dfrac{1}{2}\sqrt{0} + 3 = 3$

$\lim_{x \to +\infty} f(x) = -\dfrac{1}{2}\sqrt{2(+\infty) + 6} + 3 = -\dfrac{1}{2}\sqrt{+\infty} + 3 = -\dfrac{1}{2}(+\infty) + 3 = -\infty$

Überprüfe deine Ergebnisse!

15 FS **c** $f'(x) = -\frac{1}{2} \cdot \frac{1}{2\sqrt{2x+6}} \cdot 2 = -\frac{1}{2\sqrt{2x+6}}$ mit $x \in]{-3}; +\infty[$

Da sowohl 2 als auch $\sqrt{2x+6}$ stets positiv sind, ist der Bruch stets positiv und daher gilt: $f'(x) < 0$ in $]{-3}; +\infty[$

Die Funktion ist im Definitionsbereich streng monoton fallend.

d Aufgrund der Monotonie (siehe c) und der Grenzwerte an den Rändern des Definitionsbereichs (siehe b) gilt $\mathbb{W}_f =]{-\infty}; 3]$. Für die Umkehrfunktion folgt:

$\mathbb{D}_{f^{-1}} = \mathbb{W}_f =]{-\infty}; 3]$

$\mathbb{W}_{f^{-1}} = \mathbb{D}_f = [{-3}; +\infty[$

Term der Umkehrfunktion:

$$x = -\frac{1}{2}\sqrt{2y+6} + 3 \qquad \text{x und y in } y=f(x) \text{ vertauschen und dann}$$
$$\text{nach y auflösen}$$

$$x - 3 = -\frac{1}{2}\sqrt{2y+6}$$

$$-2(x-3) = \sqrt{2y+6}$$

$$4(x-3)^2 = 2y+6$$

$$4(x-3)^2 - 6 = 2y$$

$$y = 2(x-3)^2 - 3$$

$$\Rightarrow \quad f^{-1}(x) = 2(x-3)^2 - 3$$

29

f_1: $\mathbb{D} =]{-\infty}; 3]$ und $\mathbb{W} = [2; +\infty[$ $\Rightarrow$ Graph **B**

f_2: $\mathbb{D} = [{-2}; +\infty[$ und $\mathbb{W} =]{-\infty}; 0]$ $\Rightarrow$ Graph **D**

f_3: $\mathbb{D} = [{-2}; +\infty[$ und $\mathbb{W} =]{-\infty}; 3]$ $\Rightarrow$ Graph **G**

f_4: $\mathbb{D} = [2; +\infty[$ und $\mathbb{W} = [0; +\infty[$ $\Rightarrow$ Graph **C**

f_5: $\mathbb{D} = [{-3}; +\infty[$ und $\mathbb{W} = [{-2}; +\infty[$ $\Rightarrow$ Graph **E**

f_6: $\mathbb{D} = [{-3}; +\infty[$ und $\mathbb{W} = [0; +\infty[$ $\Rightarrow$ Graph **A**

f_7: $\mathbb{D} = [3; +\infty[$ und $\mathbb{W} =]{-\infty}; 0]$ $\Rightarrow$ Graph **H**

f_8: $\mathbb{D} =]{-\infty}; 2]$ und $\mathbb{W} =]{-\infty}; 3]$ $\Rightarrow$ Graph **F**

30 **a** $4 - x^2 \geq 0 \Rightarrow 4 \geq x^2 \Rightarrow x^2 \leq 4 \Rightarrow -2 \leq x \leq +2$

6 FS $\Rightarrow \mathbb{D} = [{-2}; 2]$

b $f(-x) = 6 \cdot (-x) \cdot \sqrt{4-(-x)^2} = -6x\sqrt{4-x^2} = -f(x)$

Die Funktion ist punktsymmetrisch zum Ursprung.

Überprüfe deine Ergebnisse!

13 FS
15 FS

c $f'(x) = 6 \cdot \sqrt{4-x^2} + 6x \cdot \dfrac{1}{2\sqrt{4-x^2}} \cdot (-2x) = 6 \cdot \sqrt{4-x^2} - 6x^2 \cdot \dfrac{1}{\sqrt{4-x^2}}$

$$= \dfrac{6(4-x^2) - 6x^2}{\sqrt{4-x^2}} = \dfrac{24 - 12x^2}{\sqrt{4-x^2}} = \dfrac{12(2-x^2)}{\sqrt{4-x^2}}$$

$f'(x) = 0 \;\Rightarrow\; 2 - x^2 = 0 \;\Rightarrow\; x^2 = 2 \;\Rightarrow\; x = \pm\sqrt{2}$

$x \in$	$]-2; -\sqrt{2}\,[$	$]-\sqrt{2}; \sqrt{2}\,[$	$]\sqrt{2}; 2\,[$
$f'(x)$	< 0	> 0	< 0
$f(x)$	fällt	steigt	fällt

Randmaximum: $(-2 \,|\, 0)$

Tiefpunkt: $\quad(-\sqrt{2} \,|\, -12)$ $\qquad\qquad f(-\sqrt{2}) = 6 \cdot (-\sqrt{2}) \cdot \sqrt{4 - (-\sqrt{2})^2} = -12$

Hochpunkt: $\quad(\sqrt{2} \,|\, 12)$ $\qquad\qquad f(\sqrt{2}) = 6 \cdot \sqrt{2} \cdot \sqrt{4 - \sqrt{2}^2} = 12$

Randminimum: $(2 \,|\, 0)$

d

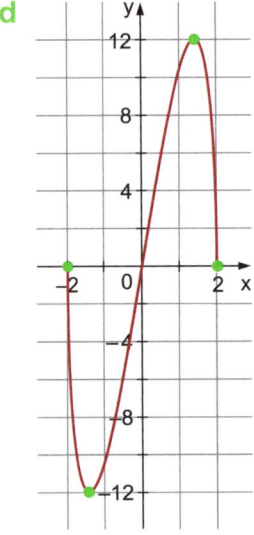

17 FS

15 FS

e F(x) ist eine Stammfunktion von f(x), wenn F'(x)=f(x) gilt:

$F'(x) = -6(\sqrt{4-x^2})^2 \cdot \dfrac{1}{2\sqrt{4-x^2}} \cdot (-2x) = 6x \cdot \dfrac{(\sqrt{4-x^2})^2}{\sqrt{4-x^2}} = 6x\sqrt{4-x^2} = f(x)$

F(x) ist eine Integralfunktion von f(x), wenn sich F(x) in der Form

$$F(x) = \int_{a}^{x} f(t)\, dt$$

schreiben lässt.

Überprüfe deine Ergebnisse!

Da F(x) Stammfunktion von f(x) ist, gilt:

16 FS

$$F(x) = \int_a^x f(t)\,dt = F(x) - F(a)$$

Es muss also gelten:

$$F(a) = 0$$

$$-2(\sqrt{4-a^2})^3 - 2 = 0$$

$$-2(\sqrt{4-a^2})^3 = 2$$

$$(\sqrt{4-a^2})^3 = -1$$

Das ist nicht möglich, da mit $\sqrt{4-a^2} \geq 0$ stets auch $(\sqrt{4-a^2})^3 \geq 0$ gilt. Es gibt also kein a und somit ist F(x) auch keine Integralfunktion von f(x).

31

a Der Radikand $-x^2 + 4x + 5$ muss ≥ 0 sein und stellt eine nach unten geöffnete Parabel dar, die zwischen ihren Nullstellen oberhalb der x-Achse verläuft.

5 FS

$$-x^2 + 4x + 5 = 0$$

$$x^2 - 4x - 5 = 0$$

$$\Rightarrow\ x_{1;2} = 2 \pm \sqrt{(-2)^2 + 5} = 2 \pm 3$$

$$\Rightarrow\ x_1 = 5 \ \text{und} \ x_2 = -1$$

Für den Definitionsbereich folgt somit:

$$\mathbb{D} = [-1; 5]$$

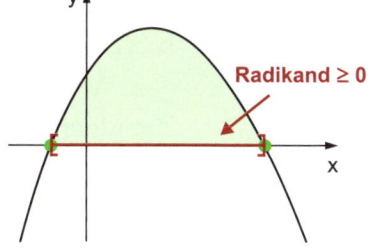

b $\sqrt{-x^2 + 4x + 5} = 0$

$$-x^2 + 4x + 5 = 0$$

$$\Rightarrow\ x_1 = 5 \quad \text{und} \quad x_2 = -1$$

siehe Teilaufgabe a

15 FS

c $f'(x) = \dfrac{1}{2\sqrt{-x^2 + 4x + 5}} \cdot (-2x + 4) = \dfrac{-2x + 4}{2\sqrt{-x^2 + 4x + 5}}$

$$f'(x) = 0 \ \Rightarrow\ -2x + 4 = 0 \ \Rightarrow\ x = 2$$

x ∈	[−1; 2[	]2; 5]
f'(x)	> 0	< 0
f(x)	steigt	fällt

Randmaximum: $(-1\,|\,0)$

Hochpunkt: $(2\,|\,3)$

Randminimum: $(5\,|\,0)$

$f(2) = \sqrt{-2^2 + 4 \cdot 2 + 5} = \sqrt{9} = 3$

Überprüfe deine Ergebnisse!

d Da P auf dem Graphen liegt, gilt:

$$p_2 = \sqrt{-p_1^2 + 4p_1 + 5}$$

Somit ergibt sich:

$$(p_1 - 2)^2 + (\sqrt{-p_1^2 + 4p_1 + 5})^2 = 9$$

$$(p_1^2 - 4p_1 + 4) + (-p_1^2 + 4p_1 + 5) = 9$$

$$9 = 9 \checkmark$$

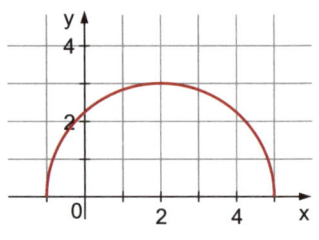

Jeder Punkt auf dem Graphen erfüllt also die Gleichung $(p_1 - 2)^2 + p_2^2 = 9$.
Diese beschreibt einen Kreis mit dem Mittelpunkt $(2|0)$ und dem Radius 3. Da
jedoch $f(x) \geq 0$ gilt, besteht der Graph von $f(x)$ nur aus dem Halbkreis mit dem
Mittelpunkt $(2|0)$ und dem Radius 3, der oberhalb der x-Achse liegt.

32 Die Ableitungen sind:

$$f'(x) = \frac{1}{2\sqrt{x}} \qquad\qquad g'(x) = -\frac{1}{2\sqrt{x}}$$

$$h'(x) = \frac{2}{2\sqrt{x}} = \frac{1}{\sqrt{x}} \qquad\qquad k'(x) = \frac{-2 \cdot \frac{1}{2\sqrt{x}}}{(\sqrt{x})^2} = \frac{-\frac{1}{\sqrt{x}}}{x} = -\frac{1}{x\sqrt{x}}$$

Zuordnung:

$f(x)$:   Graph von $\sqrt{x}$ um +2 in y-Richtung verschoben $\Rightarrow$ Graph **5**

$f'(x)$: • liegt im I. Quadranten, weil $x \geq 0$ sein muss
         • verläuft durch $(1|0,5)$ $\Rightarrow$ Graph **8**

$g(x)$:   Graph von $\sqrt{x}$ an der x-Achse gespiegelt und um 2 in
         y-Richtung verschoben $\Rightarrow$ Graph **6**

$g'(x)$: • liegt im IV. Quadranten, weil $x \geq 0$ sein muss
         • verläuft durch $(1|-0,5)$ $\Rightarrow$ Graph **1**

$h(x)$:   Graph von $\sqrt{x}$ um +2 in y-Richtung gedehnt $\Rightarrow$ Graph **4**

$h'(x)$: • liegt im I. Quadranten, weil $x \geq 0$ sein muss
         • verläuft durch $(1|1)$ $\Rightarrow$ Graph **7**

$k(x)$:   • liegt im I. Quadranten, weil $x \geq 0$ sein muss
         • verläuft durch $(1|2)$ und hat x-Achse als Asymptote $\Rightarrow$ Graph **3**

$k'(x)$: • liegt im IV. Quadranten, weil $x \geq 0$ sein muss
         • verläuft durch $(1|-1)$ $\Rightarrow$ Graph **2**

33

a $2x(3-\sqrt{x})=0$

$\Rightarrow \quad 2x=0 \quad$ oder $\quad 3-\sqrt{x}=0$

$\qquad\qquad x=0 \qquad\qquad\quad \sqrt{x}=3$

$\qquad\qquad\qquad\qquad\qquad\qquad\quad x=9$

b $f(0)=2\cdot 0\cdot(3-\sqrt{0})=0$

$\lim\limits_{x\to +\infty} f(x)=2\cdot\infty\cdot(3-\sqrt{\infty})=\infty\cdot(-\infty)=-\infty$

13 FS **c** $f'(x)=2(3-\sqrt{x})+2x\left(-\dfrac{1}{2\sqrt{x}}\right)=6-2\sqrt{x}-\dfrac{x}{\sqrt{x}}=6-2\sqrt{x}-\sqrt{x}=6-3\sqrt{x}$

$f'(x)=0 \quad\Rightarrow\quad 6-3\sqrt{x}=0 \quad\Rightarrow\quad \sqrt{x}=2 \quad\Rightarrow\quad x=4$

$x\in$	$[0;4[$	$]4;\infty[$
$f'(x)$	>0	<0
$f(x)$	steigt	fällt

Randminimum: $(0\,|\,0)$

Hochpunkt: $\qquad(4\,|\,8)$ $\qquad\qquad\qquad\qquad f(4)=2\cdot 4\cdot(3-\sqrt{4})=8\cdot 1=8$

17 FS **d** F(x) ist eine Stammfunktion von f(x), wenn $F'(x)=f(x)$ gilt:

13 FS $F'(x)=2x\left(3-\dfrac{4}{5}\sqrt{x}\right)+x^2\left(-\dfrac{4}{5}\cdot\dfrac{1}{2\sqrt{x}}\right)$

$\qquad\quad =6x-\dfrac{8}{5}x\sqrt{x}-\dfrac{2}{5}\dfrac{x^2}{\sqrt{x}}$

$\qquad\quad =6x-\dfrac{8}{5}x\sqrt{x}-\dfrac{2}{5}x\sqrt{x}$

$\qquad\quad =6x-2x\sqrt{x}$

$\qquad\quad =2x(3-\sqrt{x})=f(x)$

16 FS **e** $A=\displaystyle\int_0^9 f(x)\,dx=\left[x^2\left(3-\dfrac{4}{5}\sqrt{x}\right)\right]_0^9=9^2\cdot\left(3-\dfrac{4}{5}\sqrt{9}\right)=81\cdot\left(3-\dfrac{12}{5}\right)=48,6$

Überprüfe deine Ergebnisse!

Klausur 3

1
(20)
a Graph A: $\mathbb{D} =]-\infty; 4]$ und $\mathbb{W} = [-3; +\infty[$ $\Rightarrow$ $\mathbf{f_2}$

Graph B: $\mathbb{D} =]-\infty; 4]$ und $\mathbb{W} =]-\infty; 3]$ $\Rightarrow$ $\mathbf{f_6}$

Graph C: $\mathbb{D} = [4; +\infty[$ und $\mathbb{W} =]-\infty; -3]$ $\Rightarrow$ $\mathbf{f_5}$

Graph D: $\mathbb{D} = [-4; +\infty[$ und $\mathbb{W} = [-3; +\infty[$ $\Rightarrow$ $\mathbf{f_1}$

b Ableitungen:
(4)
$$f_1'(x) = \frac{1}{2\sqrt{x+4}}$$

15 FS
$$f_2'(x) = \frac{1}{2\sqrt{4-x}} \cdot (-1) = -\frac{1}{2\sqrt{4-x}}$$

2
(4)
a $f'(x) = 3 \cdot \dfrac{1}{2\sqrt{x+2}} = \dfrac{3}{2\sqrt{x+2}}$

Die 1. Ableitung von f(x) ist zwar nur für $x > -2$ definiert, aber da $f'(x) > 0$ gilt, ist f(x) in $\mathbb{D}$ streng monoton steigend und somit umkehrbar.

b $\mathbb{D}_{f^{-1}} = \mathbb{W}_f = [-2; +\infty[$ $\qquad\qquad$ da $3\sqrt{x+2} \geq 0$
(10)
$\mathbb{W}_{f^{-1}} = \mathbb{D}_f = [-2; +\infty[$

Term der Umkehrfunktion:

$$x = 3\sqrt{y+2} - 2 \qquad\qquad \text{Vertauschen von x und y}$$

$$x + 2 = 3\sqrt{y+2}$$

$$\tfrac{1}{3}(x+2) = \sqrt{y+2} \qquad\qquad \text{Auflösen nach y}$$

$$\tfrac{1}{9}(x+2)^2 = y+2$$

$$\tfrac{1}{9}(x+2)^2 - 2 = y$$

1 FS
$$\Rightarrow \quad f^{-1}(x) = \tfrac{1}{9}(x+2)^2 - 2 = \tfrac{1}{9}x^2 + \tfrac{4}{9}x - \tfrac{14}{9}$$

c Das Gleichsetzen der beiden Funktionsterme liefert die schwierige Gleichung:
(8)
$$3\sqrt{x+2} - 2 = \tfrac{1}{9}x^2 + \tfrac{4}{9}x - \tfrac{14}{9}$$

Diese Gleichung muss nicht gelöst werden! Denn da sich Funktion und Umkehrfunktion nur auf der Winkelhalbierenden $y = x$ schneiden können (siehe Seite 10), setzt man stattdessen den „einfacheren" Funktionsterm mit dem Term der Winkelhalbierenden gleich:

Überprüfe deine Ergebnisse!

$$\frac{1}{9}x^2 + \frac{4}{9}x - \frac{14}{9} = x$$

$$\frac{1}{9}x^2 - \frac{5}{9}x - \frac{14}{9} = 0$$

5 FS

$$x^2 - 5x - 14 = 0$$

$$x_{1;2} = 2,5 \pm \sqrt{(-2,5)^2 + 14} = 2,5 \pm 4,5$$

$$\Rightarrow \quad x_1 = 7 \quad \text{und} \quad x_2 = -2$$

Da die Schnittpunkte auch auf der Winkelhalbierenden liegen, schneiden sich Funktion und Umkehrfunktion in $(7\,|\,7)$ und $(-2\,|\,-2)$.

d
(7)

$$f(-1) = 3\sqrt{-1+2} - 2 = 1 \quad \Rightarrow \quad f^{-1}(1) = -1$$

$$f(2) = 3\sqrt{2+2} - 2 = 4 \quad \Rightarrow \quad f^{-1}(4) = 2$$

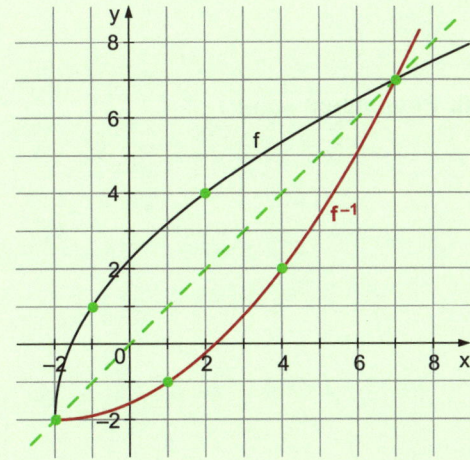

3 $F(x) = 2x + 1 - \sqrt{2x+1}$ soll in der Form $F(x) = \int\limits_a^x f(t)\,dt$ geschrieben werden.

17 FS   Es gilt: $F'(x) = f(x)$

15 FS $F'(x) = 2 - \dfrac{1}{2\sqrt{2x+1}} \cdot 2 = 2 - \dfrac{1}{\sqrt{2x+1}}$

$$\Rightarrow \quad F(x) = \int\limits_a^x 2 - \frac{1}{\sqrt{2t+1}}\,dt$$

Berechnet man das Integral, so ergibt sich:

$$\int\limits_a^x 2 - \frac{1}{\sqrt{2t+1}}\,dt = \left[2t - \sqrt{2t+1}\right]_a^x = (2x - \sqrt{2x+1}) - (2a - \sqrt{2a+1})$$

Überprüfe deine Ergebnisse!

Der Vergleich mit F(x) ergibt:

$$(2x - \sqrt{2x+1}) - (2a - \sqrt{2a+1}) = 2x + 1 - \sqrt{2x+1}$$

$$\Rightarrow \quad -(2a - \sqrt{2a+1}) = 1$$

Daraus lässt sich a berechnen:

$$-2a + \sqrt{2a+1} = 1$$

$$\sqrt{2a+1} = 1 + 2a$$

$$2a + 1 = (1 + 2a)^2$$

$$2a + 1 = 1 + 4a + 4a^2$$

$$4a^2 + 2a = 0$$

$$2a(2a + 1) = 0$$

$$\Rightarrow \quad a_1 = 0 \quad \text{oder} \quad a_2 = -0,5$$

Die beiden Möglichkeiten für F(x) lauten somit:

$$F(x) = \int_0^x 2 - \frac{1}{\sqrt{2t+1}}\, dt$$

$$F(x) = \int_{-0,5}^x 2 - \frac{1}{\sqrt{2t+1}}\, dt$$

Überprüfe deine Ergebnisse!

Sinus- und Cosinus-Funktion

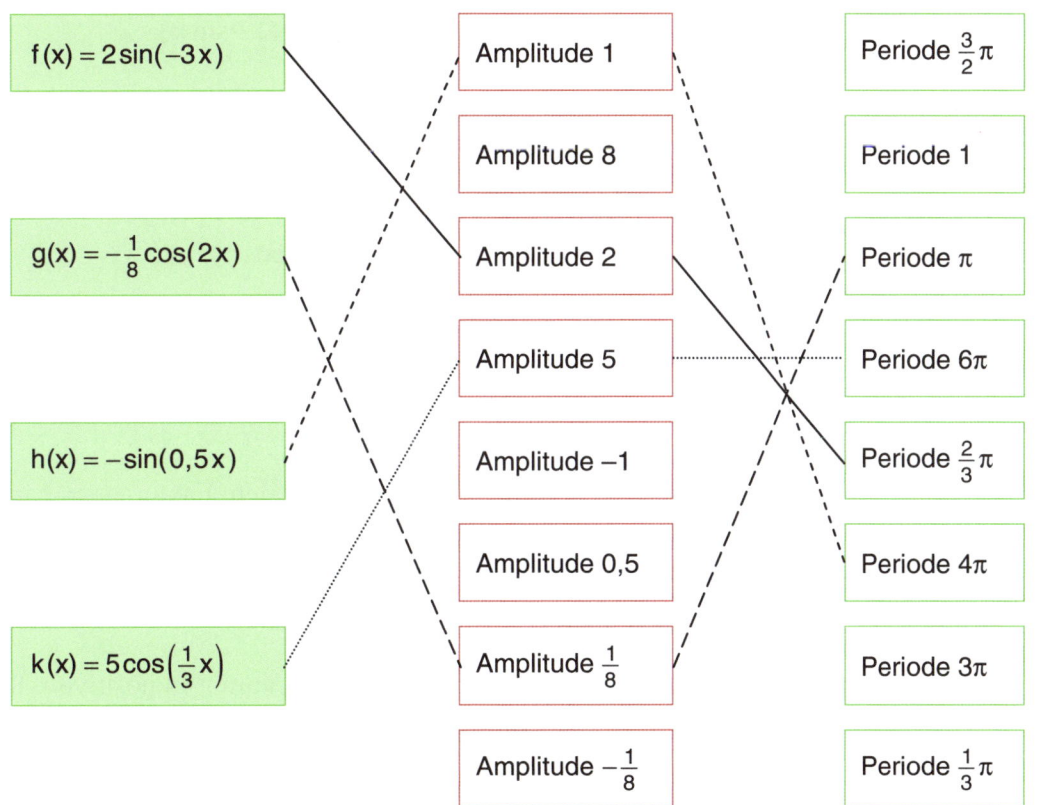

35

a Z. B. ergibt sich:

Funktion	$f(x) = \sin(\mathbf{0,4}x - 2)$	$g(x) = \mathbf{3} \cdot \cos(\mathbf{3}x)$
Amplitude	**1**	3
Periode	5π	$\frac{2}{3}\pi$

b Für das erste grüne Feld kommen infrage: 3 und –3
Für das zweite grüne Feld kommen infrage: 3 und –3 $\frac{2}{3}\pi = \frac{2\pi}{|a|}$ $\Rightarrow$ $a = \pm 3$

Es gibt 4 verschiedene Möglichkeiten, diese Zahlen zu kombinieren.
$g_1(x) = 3 \cdot \cos(3x),\ g_2(x) = -3 \cdot \cos(3x),\ g_3(x) = 3 \cdot \cos(-3x),\ g(x)_4 = -3 \cdot \cos(-3x)$
Doch nun kommt die Symmetrie der Cosinus-Funktion ins Spiel. cos x ist achsensymmetrisch (cos x = cos(–x)), weshalb es keinen Unterschied für die Funktionsgleichung macht, ob im Argument von cos x die 3 oder die –3 steht. Somit sind g_1 und g_3 sowie g_2 und g_4 äquivalent, d. h., es gibt nur 2 echt verschiedene Funktionsterme.

36   a $f(x) = (\cos x)^3 + (\sin x)^2 \cdot \cos x = \cos x [(\cos x)^2 + (\sin x)^2] = \cos x \cdot 1 = \cos x$

3 FS   b $g(x) = \sqrt{1 - \sin x} \cdot \sqrt{1 + \sin x} = \sqrt{(1 - \sin x) \cdot (1 + \sin x)}$

1 FS $= \sqrt{1 - (\sin x)^2} = \sqrt{(\cos x)^2} = |\cos x|$

c $h(x) = (\sin x)^4 - (\cos x)^4$

1 FS $= [(\sin x)^2 + (\cos x)^2] \cdot [(\sin x)^2 - (\cos x)^2]$

$= 1 \cdot [(\sin x)^2 - (\cos x)^2] = (\sin x)^2 - (\cos x)^2$

37   **Ausgangsfunktion:** $f(x) = \sin x$
Periode: 2π
Wertemenge: $[-1; 1]$

Schritt 1: Dehnung des Graphen von $f(x)$ mit dem Faktor $\frac{1}{0,5} = 2$ in x-Richtung
$\Rightarrow$ $g(x) = \sin 0{,}5x$
Periode: verändert sich zu $\frac{2\pi}{0,5} = 4\pi$

Wertemenge: bleibt bei $[-1; 1]$

Schritt 2: Verschiebung des Graphen von $g(x)$ um π in positive x-Richtung
$\Rightarrow$ $h(x) = \sin [0{,}5(x - \pi)] = \sin (0{,}5x - 0{,}5\pi)$
Periode: bleibt bei 4π
Wertemenge: bleibt bei $[-1; 1]$

Schritt 3: Dehnung des Graphen von $h(x)$ mit dem Faktor 2 in y-Richtung
$\Rightarrow$ $i(x) = 2\sin (0{,}5x - 0{,}5\pi)$
Periode: bleibt bei 4π
Wertemenge: verändert sich zu $[-1 \cdot 2; 1 \cdot 2] = [-2; 2]$

Schritt 4: Verschiebung des Graphen von $i(x)$ um 2 in positive y-Richtung
$\Rightarrow$ $k(x) = 2\sin (0{,}5x - 0{,}5\pi) + 2$
Periode: bleibt bei 4π
Wertemenge: verändert sich zu $[-2 + 2; 2 + 2] = [0; 4]$

38   **Funktion f(x):** $f(x)$ hat die Periode π (also halb so lang wie bei $\cos x$), die Amplitude 3 und ist um 6 in positive y-Richtung verschoben.
$\Rightarrow$ $f(x) = 3\cos (2x) + 6$

Funktion g(x): $g(x)$ hat die Periode 2π (also so lang wie bei $\cos x$), die Amplitude 1 und ist um 2 in negative x-Richtung und um 1 in positive y-Richtung verschoben.
$\Rightarrow$ $g(x) = \cos (x + 2) + 1$

Überprüfe deine Ergebnisse!

Funktion h(x): h(x) hat die Periode 4π (also doppelt so lang wie bei $\cos x$), die Amplitude 2, ist an der x-Achse gespiegelt und um 2 in negative y-Richtung verschoben.

$$\Rightarrow \quad h(x) = -2\cos\left(\frac{1}{2}x\right) - 2$$

39

a Der Graph von f(x) steigt monoton, wenn die 1. Ableitung überall ≥ 0 ist.
Hinweis: Streng monoton würde bedeuten, dass die 1. Ableitung überall echt größer als 0 ist.

$f'(x) = 1 - \sin x$

Wegen $-1 \leq \sin x \leq 1$ gilt: $0 \leq f'(x) \leq 2 \quad \Rightarrow \quad$ f(x) steigt monoton

b $f'(x) = 0 \quad \Rightarrow \quad 1 - \sin x = 0$

$\sin x = 1$

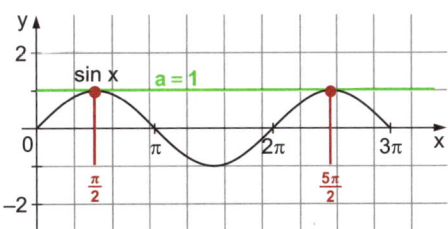

Unter Beachtung des gegebenen Intervalls $[0; 3\pi]$ folgt:

$x_1 = \frac{\pi}{2}$ und $x_2 = \frac{5\pi}{2}$

Da die Punkte mit waagrechter Tangente gesucht sind, müssen auch die y-Koordinaten berechnet werden:

$$f\left(\frac{\pi}{2}\right) = \frac{\pi}{2} + \cos\frac{\pi}{2} = \frac{\pi}{2} + 0 = \frac{\pi}{2}$$

$$f\left(\frac{5\pi}{2}\right) = \frac{5\pi}{2} + \cos\frac{5\pi}{2} = \frac{5\pi}{2} + 0 = \frac{5\pi}{2}$$

In den Punkten $\left(\frac{\pi}{2} \mid \frac{\pi}{2}\right)$ und $\left(\frac{5\pi}{2} \mid \frac{5\pi}{2}\right)$ besitzt der Graph von f(x) waagrechte Tangenten.

c Da f(x) auf dem gesamten Definitionsbereich monoton steigend ist, kann es keine Punkte geben, die in ihrer Umgebung den größten bzw. kleinsten y-Wert haben. Darum kann es sich bei den beiden Punkten nicht um Extrempunkte handeln, sondern es müssen Terrassenpunkte sein.

40

$f(x) = 0 \quad \Rightarrow \quad (\sin x)^2 - \sin x = 0$

$\sin x \cdot (\sin x - 1) = 0$

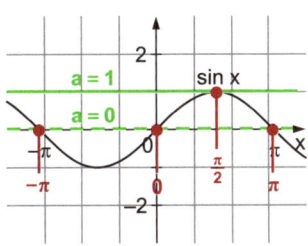

$\Rightarrow \quad \sin x = 0 \quad$ oder $\quad \sin x - 1 = 0$

$\sin x = 1$

Aus $\sin x = 0$ folgt: $x_1 = 0$; $x_2 = \pi$; $x_3 = -\pi$

Aus $\sin x = 1$ folgt: $x_4 = \frac{\pi}{2}$

41

15 FS

a $f'(x) = (\cos(2x)) \cdot 2 - (-\sin(2x)) \cdot 2 = 2\cos(2x) + 2\sin(2x)$

$f''(x) = 2(-\sin(2x)) \cdot 2 + 2(\cos(2x)) \cdot 2 = 4\cos(2x) - 4\sin(2x)$
$\quad\ = -4[-\cos(2x) + \sin(2x)] = -4[\sin(2x) - \cos(2x)]$
$\quad\ = -4f(x)$

b Zunächst wird die y-Koordinate des Punktes P berechnet:

$f\left(\frac{\pi}{8}\right) = \sin\left(2 \cdot \frac{\pi}{8}\right) - \cos\left(2 \cdot \frac{\pi}{8}\right) = \sin\left(\frac{\pi}{4}\right) - \cos\left(\frac{\pi}{4}\right) = \frac{1}{2}\sqrt{2} - \frac{1}{2}\sqrt{2} = 0 \ \Rightarrow P\left(\frac{\pi}{8} \,\middle|\, 0\right)$

Die Steigung wird über die 1. Ableitung bestimmt:

$f'\left(\frac{\pi}{8}\right) = 2\cos\left(2 \cdot \frac{\pi}{8}\right) + 2\sin\left(2 \cdot \frac{\pi}{8}\right) = 2\cos\left(\frac{\pi}{4}\right) + 2\sin\left(\frac{\pi}{4}\right) = 2 \cdot \frac{1}{2}\sqrt{2} + 2 \cdot \frac{1}{2}\sqrt{2} = 2\sqrt{2}$

Die Steigung im Kurvenpunkt $P\left(\frac{\pi}{8} \,\middle|\, 0\right)$ beträgt $2\sqrt{2}$.

c Stammfunktion:

$F(x) = \frac{1}{2}(-\cos(2x)) - \frac{1}{2}\sin(2x) + C = -\frac{1}{2}\cos(2x) - \frac{1}{2}\sin(2x) + C$

Integral:

16 FS

$\displaystyle\int_{-\pi}^{\pi} \sin(2x) - \cos(2x)\, dx = -\frac{1}{2} \cdot \left[\cos(2x) + \sin(2x)\right]_{-\pi}^{\pi}$

$\qquad\qquad = -\frac{1}{2} \cdot [\cos(2\pi) + \sin(2\pi) - (\cos(-2\pi) + \sin(-2\pi))]$

$\qquad\qquad = -\frac{1}{2} \cdot [\cos(2\pi) + \sin(2\pi) - \cos(-2\pi) - \sin(-2\pi)]$

$\qquad\qquad = -\frac{1}{2} \cdot [1 + 0 - 1 - 0]$

$\qquad\qquad = -\frac{1}{2} \cdot 0 = 0$

d Da das Integral 0 ist, sind die Flächenstücke, die positiv bzw. negativ in die Flächenbilanz eingehen (also oberhalb bzw. unterhalb der x-Achse liegen), gleich groß.

42

a Da $\sin x$ punktsymmetrisch zum Ursprung ist, gilt $\sin(-x) = -\sin x$ und somit:

$f(-x) = (\sin(-x))^2 = (-\sin x)^2 = (\sin x)^2 = f(x)$

$f(x)$ ist also achsensymmetrisch zur y-Achse.

b $f(x) = 0 \ \Rightarrow \ (\sin x)^2 = 0$
$\qquad\qquad\qquad \sin x = 0$
$\qquad \Rightarrow \ x_1 = 0, \ x_2 = \pi, \ x_3 = -\pi$

f(x) besitzt also dieselben Nullstellen wie $\sin x$ in $[-\pi;\ \pi]$, allerdings sind für f(x) alle Nullstellen doppelte Nullstellen.

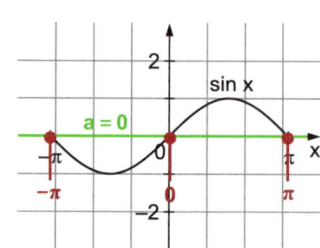

c Waagrechte Tangente:

$f'(x) = 2 \cdot \sin x \cdot \cos x$

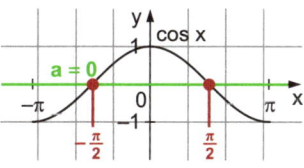

$f'(x) = 0 \quad \Rightarrow \quad 2\sin x \cdot \cos x = 0$

$\Rightarrow \quad \sin x = 0 \quad \text{oder} \quad \cos x = 0$

Aus $\sin x = 0$ folgt: $\quad x_1 = 0; \; x_2 = \pi; \; x_3 = -\pi$

Aus $\cos x = 0$ folgt: $\quad x_4 = \frac{\pi}{2}; \; x_5 = -\frac{\pi}{2}$

Bestimmung der Art der Extremstellen mithilfe der 2. Ableitung:

$f''(x) = 2\cos x \cdot \cos x + 2\sin x \cdot (-\sin x) = 2(\cos x)^2 - 2(\sin x)^2$

$f''(0) = 2(\cos 0)^2 - 2(\sin 0)^2 = 2 \cdot 1^2 - 2 \cdot 0^2 = 2 > 0 \qquad\qquad \Rightarrow \quad \text{TP}$

$f''(\pi) = 2(\cos \pi)^2 - 2(\sin \pi)^2 = 2 \cdot (-1)^2 - 2 \cdot 0^2 = 2 > 0 \qquad \Rightarrow \quad \text{TP}$

$f''(-\pi) = 2(\cos(-\pi))^2 - 2(\sin(-\pi))^2 = 2 \cdot (-1)^2 - 2 \cdot 0^2 = 2 > 0 \qquad \Rightarrow \quad \text{TP}$

$f''\left(\frac{\pi}{2}\right) = 2\left(\cos\left(\frac{\pi}{2}\right)\right)^2 - 2\left(\sin\left(\frac{\pi}{2}\right)\right)^2 = 2 \cdot 0^2 - 2 \cdot 1^2 = -2 < 0 \qquad \Rightarrow \quad \text{HP}$

$f''\left(-\frac{\pi}{2}\right) = 2\left(\cos\left(-\frac{\pi}{2}\right)\right)^2 - 2\left(\sin\left(-\frac{\pi}{2}\right)\right)^2 = 2 \cdot 0^2 - 2 \cdot (-1)^2 = -2 < 0 \quad \Rightarrow \quad \text{HP}$

Dass die drei Tiefpunkte die y-Koordinate 0 haben, ist aus Teilaufgabe b bekannt, es müssen aber noch die y-Koordinaten der Hochpunkte berechnet werden:

$f\left(\frac{\pi}{2}\right) = \left(\sin\left(\frac{\pi}{2}\right)\right)^2 = 1^2 = 1$

$f\left(-\frac{\pi}{2}\right) = \left(\sin\left(-\frac{\pi}{2}\right)\right)^2 = (-1)^2 = 1$

$f(x)$ besitzt also die Tiefpunkte $(0|0)$, $(\pi|0)$ und $(-\pi|0)$ sowie die Hochpunkte $\left(\frac{\pi}{2}\,\middle|\,1\right)$ und $\left(-\frac{\pi}{2}\,\middle|\,1\right)$.

d $f\left(\frac{\pi}{4}\right) = \left(\sin\left(\frac{\pi}{4}\right)\right)^2 = \left(\frac{1}{2}\sqrt{2}\right)^2 = \frac{1}{2}$

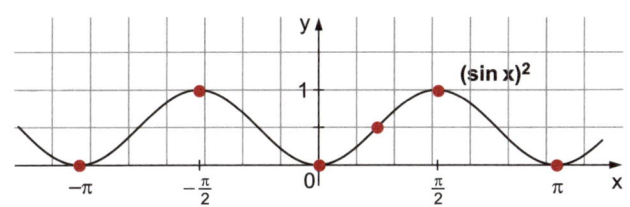

Überprüfe deine Ergebnisse!

43 **a** Richtige Antwort:

$\boxed{\text{✗}}$ $f(t) = -67,5 \cdot \cos\left(\frac{\pi}{15} \cdot t\right) + 67,5$

Die Amplitude beträgt $135 : 2 = 67,5$. Also muss in $A \cdot \cos(ax) + c$ für $|A| = 67,5$ gelten. Die cos-Kurve ist an der x-Achse gespiegelt, also muss A negativ sein.

Die Periode beträgt 30 (Minuten), also muss in $A \cdot \cos(ax) + c$ für a gelten:

$\frac{2\pi}{|a|} = 30 \quad \Rightarrow \quad a = \frac{\pi}{15}$

Die an der x-Achse gespiegelte cos-Kurve ist um 67,5 in positive y-Richtung verschoben, also gilt $c = 67,5$.

b Aus der Abbildung lassen sich die richtigen Antworten direkt ablesen als:

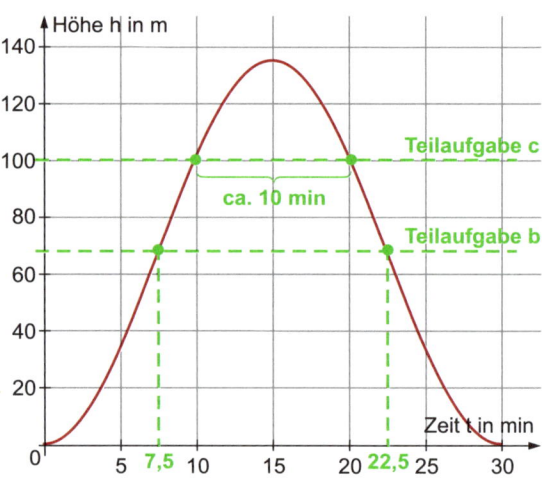

$\boxed{\text{✗}}$ 7,5 min

$\boxed{\text{✗}}$ 22,5 min

Hinweis: Möchte man mit einer rechnerischen Lösung begründen, so setzt man den Funktionsterm gleich der halben Höhe und erhält:

$-67,5 \cdot \cos\left(\frac{\pi}{15} \cdot t\right) + 67,5 = \frac{1}{2} \cdot 135$

$-67,5 \cdot \cos\left(\frac{\pi}{15} \cdot t\right) = 0$

$\cos\left(\frac{\pi}{15} \cdot t\right) = 0$

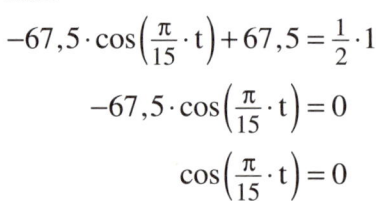

$\Rightarrow \quad \frac{\pi}{15} \cdot t = \frac{\pi}{2} \qquad$ oder $\qquad \frac{\pi}{15} \cdot t = \frac{3\pi}{2}$

$\qquad\qquad t = 7,5 \qquad\qquad\qquad t = 22,5$

c Die richtige Antwort lässt sich auch hier aus der Abbildung ablesen (siehe Abbildung in Teilaufgabe b):

$\boxed{\text{✗}}$ ca. 10 min

Hinweis: Rechnerisch setzt man den Funktionsterm gleich 100 und erhält:

$-67,5 \cdot \cos\left(\frac{\pi}{15} \cdot t\right) + 67,5 = 100$

$\cos\left(\frac{\pi}{15} \cdot t\right) = -\frac{32,5}{67,5}$

$\Rightarrow \quad \frac{\pi}{15} \cdot t \approx 2,07 \quad$ oder $\quad \frac{\pi}{15} \cdot t \approx 2\pi - 2,07 = 4,21$

$\qquad\qquad t \approx 9,9 \qquad\qquad\qquad t \approx 20,1 \qquad\qquad\qquad \Rightarrow \quad 20,1 - 9,9 = 10,2$

Überprüfe deine Ergebnisse!

Klausur 4

1 **Schritt 1:** Der Graph von f(x) wird um $\frac{\pi}{2}$ in negative x-Richtung verschoben.

$\Rightarrow$ $g(x) = \cos\left(x + \frac{\pi}{2}\right)$

Schritt 2: Der Graph von g(x) wird auf das Dreifache in y-Richtung gedehnt.

$\Rightarrow$ $h(x) = 3\cos\left(x + \frac{\pi}{2}\right)$

Schritt 3: Der Graph von h(x) wird an der x-Achse gespiegelt.

$\Rightarrow$ $i(x) = -3\cos\left(x + \frac{\pi}{2}\right)$

Schritt 4: Der Graph von i(x) wird um 4 in positive y-Richtung verschoben.

$\Rightarrow$ $k(x) = -3\cos\left(x + \frac{\pi}{2}\right) + 4$

2 **Funktion f(x):** f(x) hat die Periode 4π (also doppelt so lang wie bei $\sin x$), die Amplitude 3 und ist um 4 in negative y-Richtung verschoben.

$\Rightarrow$ $f(x) = 3\sin\left(\frac{1}{2}x\right) - 4$

Funktion g(x): g(x) hat die Periode π (also halb so lang wie bei $\sin x$), die Amplitude 2, ist an der x-Achse gespiegelt und um 1 in negative y-Richtung verschoben.

$\Rightarrow$ $g(x) = -2\sin(2x) - 1$

Funktion h(x): h(x) hat die Periode 2π (also so lang wie bei $\sin x$), die Amplitude 1 und ist um 2 in positive x-Richtung und um 2 in positive y-Richtung verschoben.

$\Rightarrow$ $h(x) = \sin(x - 2) + 2$

3 **a** $\cos x$ ist achsensymmetrisch zur y-Achse, also gilt: $\cos(-x) = \cos x$

(3) $f(-x) = \cos(-x) \cdot (\cos(-x) + 1) = \cos x \cdot (\cos x + 1) = f(x)$

$\Rightarrow$ f(x) ist achsensymmetrisch zur y-Achse.

b $f(x) = 0$ $\Rightarrow$ $\cos x \cdot (\cos x + 1) = 0$

(5) $\Rightarrow$ $\cos x = 0$ oder $\cos x + 1 = 0$

$\cos x = -1$

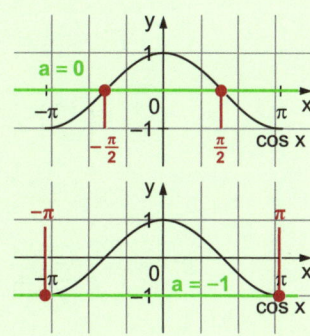

Aus $\cos x = 0$ folgt unter Beachtung des Intervalls $[-\pi; \pi]$: $x_1 = -\frac{\pi}{2}$; $x_2 = \frac{\pi}{2}$

Aus $\cos x = -1$ folgt: $x_3 = -\pi$; $x_4 = \pi$

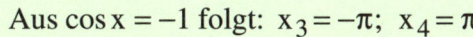

Überprüfe deine Ergebnisse!

c $f(x) = \cos x \cdot (\cos x + 1)$

13 FS (13) $f'(x) = -\sin x (\cos x + 1) + \cos x (-\sin x) = -2\sin x \cdot \cos x - \sin x$

Die Funktion kann auch erst zu $f(x) = \cos x \cdot (\cos x + 1) = (\cos x)^2 + \cos x$ umgeformt und dann abgeleitet werden:

15 FS $f'(x) = 2(\cos x)(-\sin x) - \sin x = -2\sin x \cdot \cos x - \sin x$

$$f'(x) = 0 \quad \Rightarrow \quad -2\sin x \cdot \cos x - \sin x = 0$$
$$-\sin x (2\cos x + 1) = 0$$
$$\Rightarrow \quad \sin x = 0 \ \text{oder} \ 2\cos x + 1 = 0$$
$$\cos x = -\frac{1}{2}$$

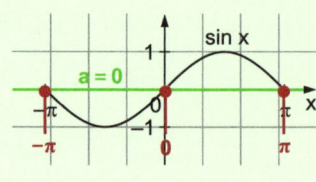

Aus $\sin x = 0$ folgt unter Beachtung des Intervalls $[-\pi; \pi]$: $x_1 = -\pi$; $x_2 = 0$; $x_3 = \pi$

Aus $\cos x = -\frac{1}{2}$ folgt: $x_4 = -\frac{2\pi}{3}$; $x_5 = \frac{2\pi}{3}$

d Es gilt: $\cos\left(x - \frac{\pi}{2}\right) = \sin x$ \qquad siehe Wissenskasten Seite 49

(6)

Somit:

$$f\left(x - \frac{\pi}{2}\right) = \cos\left(x - \frac{\pi}{2}\right) \cdot \left[\cos\left(x - \frac{\pi}{2}\right) + 1\right] = \sin x \cdot (\sin x + 1) = (\sin x)^2 + \sin x$$

4   **a** $f(x) = 0 \quad \Rightarrow \quad \sin x + \cos x = 0$

(5) $\qquad\qquad\qquad\qquad \sin x = -\cos x$

$$\Rightarrow \quad x_1 = \frac{3\pi}{4}; \ x_2 = \frac{7\pi}{4} \qquad \text{siehe Wissenskasten Seite 49}$$

b $f'(x) = \cos x - \sin x$

(12) $f''(x) = -\sin x - \cos x$

$f'''(x) = -\cos x + \sin x$

Die Nullstellen werden in die 2. Ableitung und in die 3. Ableitung eingesetzt. Für eine Wendestelle muss $f''(x) = 0$ und $f'''(x) \neq 0$ gelten:

$$f''\left(\frac{3\pi}{4}\right) = -\sin\frac{3\pi}{4} - \cos\frac{3\pi}{4} = -\frac{1}{2}\sqrt{2} - \left(-\frac{1}{2}\sqrt{2}\right) = 0 \ \checkmark$$

$$f'''\left(\frac{3\pi}{4}\right) = -\cos\frac{3\pi}{4} + \sin\frac{3\pi}{4} = \frac{1}{2}\sqrt{2} + \frac{1}{2}\sqrt{2} = \sqrt{2} \neq 0 \ \checkmark$$

$$f''\left(\frac{7\pi}{4}\right) = -\sin\frac{7\pi}{4} - \cos\frac{7\pi}{4} = -\left(-\frac{1}{2}\sqrt{2}\right) - \frac{1}{2}\sqrt{2} = 0 \ \checkmark$$

$$f'''\left(\frac{7\pi}{4}\right) = -\cos\frac{7\pi}{4} + \sin\frac{7\pi}{4} = -\frac{1}{2}\sqrt{2} + \left(-\frac{1}{2}\sqrt{2}\right) = -\sqrt{2} \neq 0 \ \checkmark$$

Somit sind die Nullstellen auch Wendestellen.

c **Tangente im Punkt** $\left(\frac{3\pi}{4}\,\middle|\,0\right)$

(8)

$$m = f'\left(\frac{3\pi}{4}\right) = \cos\frac{3\pi}{4} - \sin\frac{3\pi}{4} = -\frac{1}{2}\sqrt{2} - \frac{1}{2}\sqrt{2} = -\sqrt{2}$$

Einsetzen des Punkts sowie der Steigung ergibt:

$$y = mx + t \;\Rightarrow\; 0 = -\sqrt{2}\cdot\frac{3\pi}{4} + t$$

$$t = \frac{3\pi}{4}\sqrt{2}$$

$$\Rightarrow\; y = -\sqrt{2}\cdot x + \frac{3\pi}{4}\sqrt{2}$$

Tangente im Punkt $\left(\frac{7\pi}{4}\,\middle|\,0\right)$

$$m = f'\left(\frac{7\pi}{4}\right) = \cos\frac{7\pi}{4} - \sin\frac{7\pi}{4} = \frac{1}{2}\sqrt{2} - \left(-\frac{1}{2}\sqrt{2}\right) = \sqrt{2}$$

Einsetzen des Punkts sowie der Steigung ergibt:

$$y = mx + t \;\Rightarrow\; 0 = \sqrt{2}\cdot\frac{7\pi}{4} + t$$

$$t = -\frac{7\pi}{4}\sqrt{2}$$

$$\Rightarrow\; y = \sqrt{2}\cdot x - \frac{7\pi}{4}\sqrt{2}$$

d **Bestimmung von A:** Wegen $W = [-\sqrt{2}\,;\sqrt{2}\,]$ beträgt die Amplitude $\sqrt{2}$. Der

(9) Graph von $\sin x$ muss somit um den Faktor $\sqrt{2}$ in y-Richtung gedehnt werden.

$$\Rightarrow\; A = \sqrt{2}$$

Bestimmung von b: Die kleinste positive Nullstelle von f(x) liegt bei $x = \frac{3\pi}{4}$, die kleinste positive Nullstelle von $\sin x$ liegt bei π (im gegebenen Intervall). Der Graph von $\sin x$ muss somit um $\frac{\pi}{4}$ in negative x-Richtung verschoben werden. $\;\Rightarrow\; b = \frac{\pi}{4}$

Somit ergibt sich: $f(x) = \sqrt{2}\cdot\sin\left(x + \frac{\pi}{4}\right)$

e $A = \displaystyle\int_{0}^{\frac{3\pi}{4}} f(x)\,dx + \left|\int_{\frac{3\pi}{4}}^{\frac{7\pi}{4}} f(x)\,dx\right| = \Big[-\cos x + \sin x\Big]_{0}^{\frac{3\pi}{4}} + \left|\Big[-\cos x + \sin x\Big]_{\frac{3\pi}{4}}^{\frac{7\pi}{4}}\right|$

(9)

16 FS

$$= \left[\left(-\cos\frac{3\pi}{4} + \sin\frac{3\pi}{4}\right) - (-\cos 0 + \sin 0)\right] + \left|\left(-\cos\frac{7\pi}{4} + \sin\frac{7\pi}{4}\right) - \left(-\cos\frac{3\pi}{4} + \sin\frac{3\pi}{4}\right)\right|$$

$$= \left[\left(\tfrac{1}{2}\sqrt{2} + \tfrac{1}{2}\sqrt{2}\right) - (-1 + 0)\right] + \left|\left(-\tfrac{1}{2}\sqrt{2} - \tfrac{1}{2}\sqrt{2}\right) - \left(\tfrac{1}{2}\sqrt{2} + \tfrac{1}{2}\sqrt{2}\right)\right|$$

$$= \sqrt{2} + 1 + \left|-\sqrt{2} - \sqrt{2}\right| = \sqrt{2} + 1 + 2\sqrt{2} = 3\sqrt{2} + 1$$

e-Funktion

44 **a**
$e^{3x} = 4e^{-x}$ $\quad | \cdot e^{x}$

$e^{4x} = 4$ $\quad | \ln$

$4x = \ln 4$ $\quad | : 4$

$x = \dfrac{1}{4}\ln 4$

b $\dfrac{1}{2e^{x}} - \dfrac{1}{3e^{x}} = \dfrac{1}{6}$ $\quad | \cdot 6e^{x}$

$3 - 2 = e^{x}$

$1 = e^{x}$

$x = 0$

45 $g(x) = e^{-x+2} + 4$ ← **Verschiebung um 4 nach oben**

↑ **Spiegelung an y-Achse**   ↖ **Verschiebung um 2 nach links**

46 Für die Bestimmung des Definitionsbereichs wird der Nenner bzw. der Term unter der Wurzel betrachtet. Für die Bestimmung der Nullstelle(n) muss nur der Zähler bzw. der Term unter der Wurzel gleich 0 gesetzt werden.

$f(x) = \dfrac{x^2 - 1}{e^x + 1}$	$\mathbb{D} = \mathbb{R}$	$x = 0$
$g(x) = \dfrac{e^x - 1}{x^2 - 1}$	$\mathbb{D} = \mathbb{R} \setminus \{-1;\ 1\}$	$x = -2$ und $x = 2$
$h(x) = \sqrt{e^x - 1}$	$\mathbb{D} = \mathbb{R}_0^-$	$x = -1$ und $x = 1$
$i(x) = \sqrt{e^{1-x}}$	$\mathbb{D} = \mathbb{R}_0^+$	$x = -1$
$j(x) = e^{\sqrt{x-1}}$	$\mathbb{D} = [1;\ +\infty[$	keine Nullstellen

47 **a**

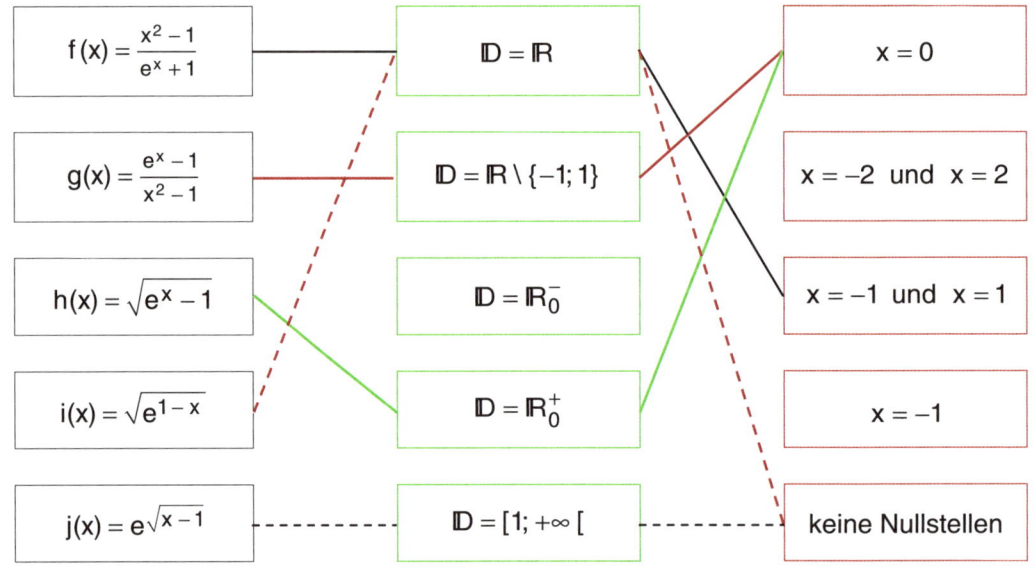

$$f(x) = \frac{e^x}{e^x - 2}$$

$$f'(x) = \frac{e^x \cdot e^x - e^x \cdot (e^x - 2)}{(e^x - 2)^2}$$

14 FS

— Überprüfe deine Ergebnisse!

b

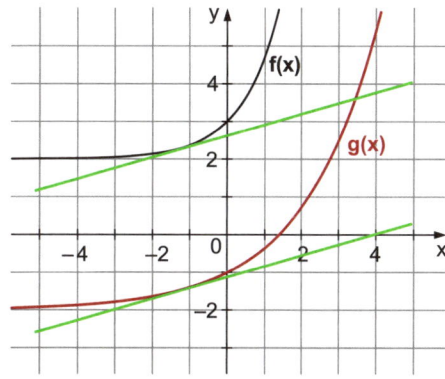

$$g(x) = \frac{-2e^x}{(e^x-2)^2}$$

$$g'(x) = \frac{-2e^x \cdot (e^x-2)^2 - (-2e^x) \cdot (e^x-2)}{(e^x-2)^4}$$

(mit Anmerkungen: $2 \cdot$ und $\cdot e^x$)

14 FS
15 FS

48

a Parallele Tangenten besitzen dieselbe Steigung.

$f'(x) = e^x$

15 FS

$g'(x) = e^{0,5x} \cdot 0,5$

Gleichsetzen:

$$e^x = e^{0,5x} \cdot 0,5$$

$$e^x : e^{0,5x} = 0,5$$

$$e^{x-0,5x} = 0,5$$

$$e^{0,5x} = 0,5$$

$$0,5x = \ln 0,5$$

$$x = 2\ln 0,5$$

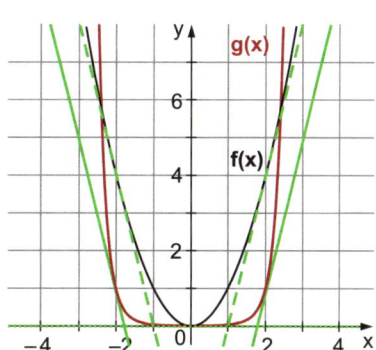

Die Skizze dient der Veranschaulichung und ist nicht verlangt!

Zugehörige Funktionswerte:

$$f(2\ln 0,5) = e^{2\ln 0,5} + 2 = e^{\ln(0,5)^2} + 2 = e^{\ln 0,25} + 2 = 0,25 + 2 = 2,25$$

$$g(2\ln 0,5) = e^{0,5 \cdot (2\ln 0,5)} - 2 = e^{\ln 0,5} - 2 = 0,5 - 2 = -1,5$$

Punkte:

$A(2\ln 0,5 \mid 2,25)$ und $B(2\ln 0,5 \mid -1,5)$

b $f'(x) = 2x$

15 FS

$g'(x) = e^{x^2-4} \cdot 2x$

Gleichsetzen:

$$2x = e^{x^2-4} \cdot 2x$$

$$\Rightarrow \quad x_1 = 0 \quad \text{oder} \quad 1 = e^{x^2-4}$$

$$\ln 1 = x^2 - 4$$

$$0 = x^2 - 4$$

$$x_{2;3} = \pm 2$$

Die Skizze dient der Veranschaulichung und ist nicht verlangt!

Zugehörige Funktionswerte für $x_1 = 0$:

$$f(0) = 0^2 = 0 \qquad \Rightarrow \quad A_1(0 \mid 0)$$

$$g(0) = e^{0^2-4} = e^{-4} \qquad \Rightarrow \quad B_1(0 \mid e^{-4})$$

Überprüfe deine Ergebnisse!

Zugehörige Funktionswerte für $x_2 = 2$:

$f(2) = 2^2 = 4$ $\Rightarrow$ $A_2(2|4)$

$g(2) = e^{2^2 - 4} = e^0 = 1$ $\Rightarrow$ $B_2(2|1)$

Zugehörige Funktionswerte für $x_3 = -2$:

$f(-2) = (-2)^2 = 4$ $\Rightarrow$ $A_3(-2|4)$

$g(-2) = e^{(-2)^2 - 4} = e^0 = 1$ $\Rightarrow$ $B_3(-2|1)$

49 a und b sollen so bestimmt werden, dass $f(0) = -2$ (Bedingung **I**) und $f'(0) = \frac{7}{3}$ (Bedingung **II**). Mit der ersten Ableitung

14 FS

$$f'(x) = \frac{1 \cdot be^x - (x+a) \cdot be^x}{(be^x)^2} = \frac{be^x[1-(x+a)]}{(be^x)^2} = \frac{1-x-a}{be^x}$$

folgt:

I $\quad f(0) = \frac{a}{be^0} = \frac{a}{b} \overset{!}{=} -2$ $\Rightarrow$ $a = -2b$

II $\quad f'(0) = \frac{1-0-a}{be^0} = \frac{1-a}{b} \overset{!}{=} \frac{7}{3}$ $\Rightarrow$ $3 - 3a = 7b$

I in **II** ergibt:

$3 - 3 \cdot (-2b) = 7b$

$3 + 6b = 7b$

$b = 3$

$\Rightarrow \quad a = -2 \cdot 3 = -6$

50 **a** $f(x) = (x-3)^2 \cdot e^{3-x}$ besitzt eine doppelte Nullstelle für $x = 3$. Somit kommen nur G_2 und G_3 infrage.

Da $(x-3)^2 \geq 0$ und auch $e^{3-x} > 0$ gilt, also beide Faktoren nicht negativ sind, gilt stets $f(x) \geq 0$. Daher muss G_2 den Graphen von $f(x)$ zeigen.

b G_3 entsteht durch Spiegelung von G_2 an der x-Achse, somit:

$g(x) = -(x-3)^2 \cdot e^{3-x}$

G_1 entsteht durch Verschiebung von G_2 um 4 in negative x-Richtung, somit:

$h(x) = ((x+4)-3)^2 \cdot e^{3-(x+4)} = (x+1)^2 \cdot e^{-x-1}$

51 **a** Der Nenner darf nicht 0 sein:

$1 - e^x = 0$ $\Rightarrow$ $e^x = 1$ $\Rightarrow$ $x = \ln 1 = 0$ $\Rightarrow$ $\mathbb{D} = \mathbb{R} \setminus \{0\}$

b Zu zeigen ist $f(-x) = -f(x)$

$$f(-x) = 3 \cdot \frac{e^{-x}+1}{1-e^{-x}} = 3 \cdot \frac{(e^{-x}+1) \cdot e^x}{(1-e^{-x}) \cdot e^x} = 3 \cdot \frac{1+e^x}{e^x-1} = 3 \cdot \frac{e^x+1}{e^x-1} = -3 \cdot \frac{e^x+1}{1-e^x} = -f(x)$$

c $\displaystyle\lim_{x \to -\infty} 3 \cdot \frac{e^x+1}{1-e^x} = 3 \cdot \frac{0+1}{1-0} = 3$

$\displaystyle\lim_{x \to +\infty} 3 \cdot \frac{e^x+1}{1-e^x} = -3$ \qquad wegen Punktsymmetrie zum Ursprung

$\displaystyle\lim_{x \to 0^-} 3 \cdot \frac{e^x+1}{1-e^x} = 3 \cdot \frac{e^{0^-}+1}{1-e^{0^-}} = 3 \cdot \frac{1^-+1}{1-1^-} = 3 \cdot \frac{2}{0^+} = +\infty$

$\displaystyle\lim_{x \to 0^+} 3 \cdot \frac{e^x+1}{1-e^x} = -\infty$ \qquad wegen Punktsymmetrie zum Ursprung

waagrechte Asymptoten: $\;y=3$
$\qquad\qquad\qquad\qquad\qquad\; y=-3$
senkrechte Asymptote: $\quad x=0$

14 FS **d** $f'(x) = 3 \cdot \dfrac{e^x \cdot (1-e^x) - (e^x+1)(-e^x)}{(1-e^x)^2} = 3 \cdot \dfrac{e^x \cdot (1-e^x+e^x+1)}{(1-e^x)^2} = 3 \cdot \dfrac{\overbrace{2e^x}^{>0}}{\underbrace{(1-e^x)^2}_{>0}} > 0$

Die Funktion ist also in ganz $\mathbb{D}$ streng monoton steigend.

e

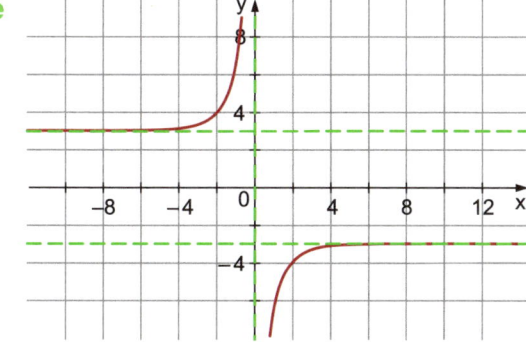

$\mathbb{W} = \mathbb{R} \setminus [-3; +3] = {]}-\infty; -3\,[\,\cup\,]\,3; +\infty\,[$

f $f(x)$ ist in ganz $\mathbb{D}$ streng monoton und die beiden Äste verlaufen so, dass es keine Parallele zur x-Achse gibt, die die Funktion mehr als einmal schneidet.

Überprüfe deine Ergebnisse!

g Term der Umkehrfunktion:

$$x = 3 \cdot \frac{e^y + 1}{1 - e^y}$$

x und y in y = f(x) vertauschen
und dann nach y auflösen

$$x \cdot (1 - e^y) = 3 \cdot (e^y + 1)$$

$$x - x \cdot e^y = 3e^y + 3$$

$$x - 3 = 3e^y + x \cdot e^y$$

$$x - 3 = e^y \cdot (3 + x)$$

$$\frac{x - 3}{3 + x} = e^y$$

$$y = \ln \frac{x - 3}{3 + x}$$

$$\Rightarrow \quad f^{-1}(x) = \ln \frac{x - 3}{3 + x}$$

Der Definitionsbereich von f^{-1} ist der Wertebereich von f und umgekehrt:

$\mathbb{D}_{f^{-1}} = \mathbb{W}_f = \mathbb{R} \setminus [-3; +3]$

$\mathbb{W}_{f^{-1}} = \mathbb{D}_f = \mathbb{R} \setminus \{0\}$

Die Asymptoten der Umkehrfunktion sind:

■ senkrechte Asymptoten: x = 3

$\qquad\qquad\qquad\qquad\qquad$ x = −3

■ waagrechte Asymptote: y = 0

52 **a** Schnittpunkt mit x-Achse (y = 0):

$$(x + a) \cdot e^{-x} = 0$$

$$x + a = 0 \qquad\qquad\qquad\qquad \text{da } e^{-x} > 0 \text{ in } \mathbb{R}$$

$$x = -a$$

$$\Rightarrow \quad N(-a \,|\, 0)$$

Schnittpunkt mit y-Achse (x = 0):

$$f_a(0) = (0 + a) \cdot e^{-0} = a \cdot 1 = a$$

$$\Rightarrow \quad S(0 \,|\, a)$$

b $\displaystyle\lim_{x \to -\infty} (x + a) \cdot e^{-x} = (-\infty + a) \cdot (+\infty) = -\infty \cdot (+\infty) = -\infty$

$\displaystyle\lim_{x \to +\infty} (x + a) \cdot e^{-x} = \lim_{x \to +\infty} \frac{x + a}{e^x} = 0$ $\qquad$ siehe Merkspruch auf Seite 60

c Die Monotonie wird über die 1. Ableitung bestimmt:

$$f_a'(x) = 1 \cdot e^{-x} + (x + a) \cdot e^{-x} \cdot (-1) = e^{-x} \cdot (1 - x - a)$$

13 FS

— *Überprüfe deine Ergebnisse!*

$$f_a'(x) > 0 \quad \Rightarrow \quad e^{-x} \cdot (1 - x - a) > 0$$
$$1 - x - a > 0 \qquad\qquad \text{da } e^{-x} > 0 \text{ in } \mathbb{R}$$
$$x < 1 - a$$

$$f_a'(x) < 0 \quad \Rightarrow \quad e^{-x} \cdot (1 - x - a) < 0$$
$$1 - x - a < 0 \qquad\qquad \text{da } e^{-x} > 0 \text{ in } \mathbb{R}$$
$$x > 1 - a$$

Für $x < 1 - a$ steigt die Funktion, für $x > 1 - a$ fällt die Funktion.

d Aufgrund des Monotonieverhaltens besitzt die Funktion für $x = 1 - a$ einen Hochpunkt.

$$f_a(1 - a) = (1 - a + a) \cdot e^{-(1-a)} = e^{-1+a} = e^{a-1}$$
$$\Rightarrow \quad \text{Hochpunkt: } (1 - a \,|\, e^{a-1})$$

e Um zu überprüfen, ob $F_a(x)$ eine Stammfunktion ist, muss die erste Ableitung gebildet werden und als Ergebnis muss man $f_a(x)$ erhalten.

17 FS
$$F_a'(x) = (-1) \cdot e^{-x} + (-x - a - 1) \cdot e^{-x} \cdot (-1) = e^{-x} \cdot (-1 + x + a + 1)$$
$$= e^{-x} \cdot (x + a) = f_a(x)$$

f Die einzige Nullstelle liegt bei $N(-a\,|\,0)$, die Funktion schneidet die y-Achse in $S(0\,|\,a)$, siehe Teilaufgabe a. Es ist also das Integral mit den Integrationsgrenzen $-a$ und 0 zu berechnen. Da $a \in \mathbb{R}^+$, ist $-a$ stets kleiner als 0 und somit immer die untere Integrationsgrenze.

$$A = \int_{-a}^{0} (x + a) \cdot e^{-x} \, dx = \left[(-x - a - 1) \cdot e^{-x}\right]_{-a}^{0}$$

16 FS
$$= (-0 - a - 1) \cdot e^{-0} - (a - a - 1) \cdot e^{a} = (-a - 1) \cdot 1 + e^{a} = -a - 1 + e^{a}$$

53 **a** Gegeben ist die Funktion $N(t) = N_0 \cdot e^{-0{,}005\,t}$, wobei t in Tagen gemessen wird. Auch wenn der Anfangsbestand N_0 nicht bekannt ist, lässt sich der Zeitpunkt t, zu dem nur noch die Hälfte der anfangs vorhandenen Nuklide $^{210}_{84}\text{Po}$ nicht zerfallen sind, berechnen, denn $N_0 \neq 0$ kürzt sich aus der Rechnung heraus.

$$\tfrac{1}{2} N_0 = N_0 \cdot e^{-0{,}005\,t}$$
$$\tfrac{1}{2} = e^{-0{,}005\,t}$$
$$\ln \tfrac{1}{2} = -0{,}005\,t$$
$$t = \ln \tfrac{1}{2} : (-0{,}005)$$
$$t \approx 138{,}6 \qquad \Rightarrow \quad \text{Die Halbwertszeit beträgt ca. 138,6 Tage.}$$

Überprüfe deine Ergebnisse!

b $N(100) = N_0 \cdot e^{-0,005 \cdot 100} = N_0 e^{-0,5}$

$$\frac{N(100)}{N_0} = e^{-0,5} \approx 0,6065 = 60,65\,\%$$

Nach 100 Tagen sind ca. 60,65 % des Anfangsbestands noch nicht zerfallen.

c Wenn 90 % bereits zerfallen sind, so sind nur noch 10 % des Anfangsbestands im Zustand $^{210}_{84}$ Po.

$$\frac{1}{10}N_0 = N_0 \cdot e^{-0,005\,t}$$

$$\frac{1}{10} = e^{-0,005\,t}$$

$$\ln\frac{1}{10} = -0,005\,t$$

$$t = \ln\frac{1}{10} : (-0,005)$$

$$t \approx 460,5$$

Nach ca. 460,5 Tagen sind 90 % des Anfangsbestands bereits zerfallen.

54 **a** Da die Anfangszeit $t_0 = 2000$ ist, ist der Anfangsbestand 6,13 (Mrd. Menschen).

Jahr 2005 (t = 5)	Jahr 2010 (t = 10)	Jahr 2015 (t = 15)
$f(5) = 6,13 \cdot e^{0,012 \cdot 5}$ $\approx 6,51$	$f(10) = 6,13 \cdot e^{0,012 \cdot 10}$ $\approx 6,91$	$f(15) = 6,13 \cdot e^{0,012 \cdot 15}$ $\approx 7,34$

Die Werte der Modellfunktion stimmen mit den gegebenen Werten überein.

b Das Jahr 2050 entspricht dem Zeitpunkt $t = 50$.

$f(50) = 6,13 \cdot e^{0,012 \cdot 50} \approx 11,17$

Im Jahr 2050 werden 11,17 Milliarden Menschen auf der Erde leben.

c $\frac{1}{2} \cdot 7,34 = 6,13 \cdot e^{0,012\,t}$

$$3,67 = 6,13 \cdot e^{0,012\,t}$$

$$\frac{3,67}{6,13} = e^{0,012\,t}$$

$$\ln\frac{3,67}{6,13} = 0,012\,t$$

$$t = \ln\frac{3,67}{6,13} : 0,012 \approx -43$$

Eine **negative** Zahl für t bedeutet, dass der Zeitpunkt **vor dem Jahr 2000** liegt.

Die Weltbevölkerung im Jahre 1957 (= 2000 – 43) betrug nach diesem Modell nur etwa die Hälfte der Weltbevölkerung im Jahre 2015.

d Ausgehend vom Jahr a mit einer Weltbevölkerung von f(a) Milliarden ergibt die Wachstumsfunktion:

$$2 \cdot f(a) = f(a) \cdot e^{0,012t}$$

$$2 = e^{0,012t}$$

$$\ln 2 = 0,012t$$

$$t = \frac{\ln 2}{0,012} \approx 58$$

Leonies Behauptung ist also richtig.

Überprüfe deine Ergebnisse!

Klausur 5

1 Die Zuordnung kann über die Nullstellen erfolgen:

Graph	Nullstellen	Zuordnung
$f(x) = e^{x^2}$	keine	F
$f'(x) = e^{x^2} \cdot 2x$	keine lineare Funktion, Nullstelle $x=0$	B
$g(x) = x^2 - e$	zwei Nullstellen $x = \pm\sqrt{e}$	A
$g'(x) = 2x$	lineare Funktion, Nullstelle $x=0$	E
$h(x) = x^2 \cdot e^x$	doppelte Nullstelle für $x=0$	C
$h'(x) = (2x + x^2) \cdot e^x$	Nullstellen $x=0$, $x=-2$	D

15 FS

13 FS

2 Die Gerade $y = x + 2$ schneidet die y-Achse in $(0|2)$ und hat die Steigung 1, somit muss $f(0) = 2$ (Bedingung I) und $f'(0) = 1$ gelten (Bedingung II). Mit der ersten Ableitung

14 FS

$$f'(x) = \frac{ae^x \cdot (x+b) - ae^x \cdot 1}{(x+b)^2} = \frac{ae^x \cdot (x+b-1)}{(x+b)^2}$$

Steckbriefaufgabe, s. S. 22

folgt:

I $\quad f(0) = \frac{ae^0}{0+b} = \frac{a}{b} \overset{!}{=} 2 \qquad\qquad \Rightarrow \quad a = 2b$

II $\quad f'(0) = \frac{ae^0 \cdot (0+b-1)}{(0+b)^2} = \frac{a \cdot (b-1)}{b^2} \overset{!}{=} 1 \quad \Rightarrow \quad a \cdot (b-1) = b^2$

I in II ergibt:

$2b \cdot (b-1) = b^2$

$\quad 2b^2 - 2b = b^2$

$\quad\quad b^2 - 2b = 0$

$\quad b \cdot (b-2) = 0$

$\Rightarrow \quad b = 0 \notin \mathbb{R}^+ \quad \text{oder} \quad b = 2$

Mit $b=2$ folgt: $a = 2 \cdot 2 = 4$

3 **a** $\displaystyle\lim_{\substack{x \to -\infty \\ (4)}} 2x^2 e^{-x} = 2 \cdot (-\infty)^2 \cdot (+\infty) = 2 \cdot (+\infty) \cdot (+\infty) = +\infty$

$\displaystyle\lim_{x \to +\infty} 2x^2 e^{-x} = \lim_{x \to +\infty} 2 \cdot \frac{x^2}{e^x} = 2 \cdot 0 = 0$ $\qquad$ siehe Merkspruch auf Seite 60

b $2x^2e^{-x} = 0 \implies x^2 = 0 \implies x = 0$ ⟶ da $e^{-x} > 0$ in $\mathbb{R}$
(2)

Bemerkung: $x = 0$ ist sogar eine doppelte Nullstelle.

13 FS **c** $f'(x) = 4x \cdot e^{-x} + 2x^2 e^{-x} \cdot (-1) = e^{-x} \cdot (4x - 2x^2)$
(15)

15 FS $f''(x) = e^{-x} \cdot (-1) \cdot (4x - 2x^2) + e^{-x} \cdot (4 - 4x) = e^{-x} \cdot (-4x + 2x^2 + 4 - 4x)$

$= e^{-x} \cdot (2x^2 - 8x + 4)$

$f'(x) = 0$

$e^{-x} \cdot (4x - 2x^2) = 0 \implies 4x - 2x^2 = 0$ ⟶ da $e^{-x} > 0$ in $\mathbb{R}$

$2x \cdot (2 - x) = 0$

$\implies x_1 = 0$ oder $x_2 = 2$

Bestimmung der Art des Extremwerts mit der 2. Ableitung:

$f''(0) = e^{-0} \cdot (2 \cdot 0^2 - 8 \cdot 0 + 4) = 4 > 0$

$f''(2) = e^{-2} \cdot (2 \cdot 2^2 - 8 \cdot 2 + 4) = -4e^{-2} < 0$

Berechnung der zugehörigen y-Koordinaten:

$f(0) = 2 \cdot 0^2 \cdot e^{-0} = 0$

$f(2) = 2 \cdot 2^2 \cdot e^{-2} = 8e^{-2}$

$\implies$ Tiefpunkt $(0|0)$

Hochpunkt $(2|8e^{-2})$

17 FS **d** Zu zeigen ist $F'(x) = f(x)$.
(5)

13 FS $F'(x) = -2(2x + 2)e^{-x} - 2(x^2 + 2x + 2)e^{-x} \cdot (-1)$

15 FS $= -2e^{-x} \cdot (2x + 2 - x^2 - 2x - 2) = -2e^{-x} \cdot (-x^2) = 2x^2 e^{-x} = f(x)$

e Da $f(x)$ die einzige Nullstelle $x = 0$ hat (und dort ein Tiefpunkt vorliegt), beginnt
(4) die Integration bei 0.

$$A(a) = \int_0^a 2x^2 e^{-x}\, dx = [-2(x^2 + 2x + 2)e^{-x}]_0^a$$

16 FS $= [-2(a^2 + 2a + 2)e^{-a}] - [-2(0^2 + 2 \cdot 0 + 2)e^{-0}]$

$= -2(a^2 + 2a + 2)e^{-a} - (-4)$

$= -2(a^2 + 2a + 2)e^{-a} + 4$

f $\lim\limits_{a \to +\infty} [-2(a^2 + 2a + 2)e^{-a} + 4] = \lim\limits_{a \to +\infty} \left[-2\left(\dfrac{a^2}{e^a} + \dfrac{2a}{e^a} + \dfrac{2}{e^a} \right) + 4 \right]$
(5)

$= -2(0 + 0 + 0) + 4 = 4$

Die sich **ins Unendliche erstreckende Fläche** besitzt den **endlichen Flächeninhalt** 4 [FE].

4 **a** Die höchste Konzentration im Blut hat der Patient im **Hochpunkt** der Funktion.

(12)

$$f'(t) = 4 \cdot e^{1-0,5t} + 4t \cdot e^{1-0,5t} \cdot (-0,5) = e^{1-0,5t} \cdot (4-2t)$$

$$f''(t) = e^{1-0,5t} \cdot (-0,5) \cdot (4-2t) + e^{1-0,5t} \cdot (-2)$$

$$= e^{1-0,5t} \cdot (-2+t-2) = e^{1-0,5t} \cdot (t-4)$$

$$f'(t) = 0$$

$$e^{1-0,5t} \cdot (4-2t) = 0 \qquad\qquad \text{da } e^{1-0,5t} > 0 \text{ in } \mathbb{R}$$

$$4-2t = 0$$

$$t = 2$$

Bestimmung der Art des Extremwerts mit der 2. Ableitung:

$$f''(2) = e^{1-0,5 \cdot 2} \cdot (2-4) = e^0 \cdot (-2) = -2 < 0$$

Berechnung der zugehörigen y-Koordinate:

$$f(2) = 4 \cdot 2 \cdot e^{1-0,5 \cdot 2} = 8 \cdot e^0 = 8$$

Die höchste Konzentration tritt nach 2 Stunden ein und beträgt 8 $m\ell$ Medikament je Liter Blut.

b $f(5) = 4 \cdot 5 \cdot e^{1-0,5 \cdot 5} = 20 \cdot e^{-1,5} \approx 4,46 \; \mathbf{> 4} = 50\,\%$ von 8

(3)

5 Stunden nach der Einnahme liegt die Konzentration mit 4,46 $m\ell$ je Liter Blut über der Hälfte der Höchstkonzentration von 8 $m\ell$.

c $f(11) = 4 \cdot 11 \cdot e^{1-0,5 \cdot 11} = 44 \cdot e^{-4,5} \approx 0,49 \; \mathbf{< 0,5}$

(3)

11 Stunden nach der Einnahme des Medikaments darf der Patient (frühestens) wieder ans Steuer, da sich nur noch 0,49 $m\ell$ (< 0,5 $m\ell$) Medikament im Liter Blut befinden.

5 **a** $\frac{1}{2} N_0 = N_0 e^{-\lambda \cdot \mathbf{36,9}}$

(4)

$$\frac{1}{2} = e^{-\lambda \cdot 36,9}$$

$$\ln\frac{1}{2} = -\lambda \cdot 36,9$$

$$\lambda = -\ln\frac{1}{2} : 36,9 \approx 0,0188$$

Die Halbwertszeit ist mit 36,9 Jahren gegeben. $\mathbf{t = 36,9}$ sowie $\frac{1}{2} N_0$ als noch übriger Bestand sind also bekannt.

Die Zerfallskonstante beträgt 0,0188.

b Wenn 90 % zerfallen sind, so sind nur noch **10 %** im Zustand $^{159}_{63}$ Eu.

(6)

$$N(100) = N_0 \cdot e^{-0,0188 \cdot 100}$$

$$\frac{N(100)}{N_0} = e^{-0,0188 \cdot 100} \approx 0,1523 = 15,23\,\% \; \mathbf{> 10\,\%}$$

Nach 100 Jahren sind aber noch ca. 15,23 % im Zustand $^{159}_{63}$ Eu. Paul hat also nicht recht.

Überprüfe deine Ergebnisse!

ln-Funktion

55

g(x) = −ln(x − 1)	h(x) = ln(x − 3) − 2
Verschiebung/Spiegelung:	Verschiebung/Spiegelung:
• **an x-Achse gespiegelt**	• **um 3 nach rechts verschoben**
• **um 1 nach rechts verschoben**	• **um 2 nach unten verschoben**
Punkt (1|0) ist nun: **(2|0)**	Punkt (1|0) ist nun: **(4|−2)**
Senkrechte Asymptote: x = **1**	Senkrechte Asymptote: x = **3**

56

3 FS

1 FS

a $2\ln x - \ln \sqrt{x} = 2\ln x - \ln x^{0,5} = 2\ln x - 0,5\ln x = \mathbf{1,5}\ln x$

b $\ln(a^2 - x^2) - \ln(a - x) = \ln \dfrac{a^2 - x^2}{a - x} = \ln \dfrac{(a+x)(a-x)}{a-x} = \mathbf{ln(a + x)} \neq \ln a + \ln x$

57

6 FS

a $4 - x^2 > 0 \;\Rightarrow\; x^2 < 4$

$\Rightarrow\; 0 < x < 2 \;\text{ oder }\; -2 < x < 0$

$\Rightarrow\; -2 < x < 2$

Definitionsbereich: $\mathbb{D}_f = \,]-2;2[$

Nullstelle: $4 - x^2 = 1$

$\qquad\qquad x^2 = 3$

$\qquad\qquad x_{1;2} = \pm\sqrt{3}$

Die ln-Funktion ist nur für **positive Argumente** definiert.

Die Nullstelle ist dort, wo das **Argument** vom ln gleich **1** ist.

b $x^2 - 2x - 8$ stellt die Gleichung einer nach oben geöffneten Parabel dar. Besitzt diese Parabel Nullstellen, so verläuft sie zwischen den Nullstellen unterhalb der x-Achse.

5 FS

$x^2 - 2x - 8 = 0$

$\Rightarrow\; x_{1;2} = 1 \pm \sqrt{(-1)^2 + 8} = 1 \pm 3$

$\Rightarrow\; x_1 = 4 \;\text{ und }\; x_2 = -2$

Definitionsbereich: $\mathbb{D}_g = \mathbb{R} \setminus [-2;4]$

Nullstellen: $x^2 - 2x - 8 = 1$

$\qquad\qquad x^2 - 2x - 9 = 0$

$\qquad\qquad \Rightarrow\; x_{1;2} = 1 \pm \sqrt{(-1)^2 + 9} = 1 \pm \sqrt{10}$

58   **Ohne** Umformung:

$$g'(x) = \frac{1}{\frac{x^3}{x-3}} \cdot \frac{3x^2 \cdot (x-3) - x^3 \cdot 1}{(x-3)^2} = \frac{x-3}{x^3} \cdot \frac{3x^3 - 9x^2 - x^3}{(x-3)^2} = \frac{1}{x^3} \cdot \frac{2x^3 - 9x^2}{x-3}$$

$$= \frac{1}{x} \cdot \frac{2x-9}{x-3} = \frac{2x-9}{x^2 - 3x}$$

Mit vorheriger Umformung:

$$g(x) = \ln \frac{x^3}{x-3} = \ln x^3 - \ln(x-3) = 3\ln x - \ln(x-3)$$

$$g'(x) = 3 \cdot \frac{1}{x} - \frac{1}{x-3} = \frac{3}{x} - \frac{1}{x-3} \qquad\qquad = \frac{3 \cdot (x-3) - x}{x \cdot (x-3)} = \frac{2x-9}{x^2 - 3x}$$

59   **a**   Definitionsbereich:

$$x^2 > 0 \quad \Rightarrow \quad x \neq 0 \quad \Rightarrow \quad \mathbb{D} = \mathbb{R} \setminus \{0\}$$

Verhalten an den Rändern:

$$\lim_{x \to \pm\infty} x^2 \cdot \ln x^2 = (+\infty) \cdot (+\infty) = +\infty$$

$$\lim_{x \to 0^\pm} x^2 \cdot \ln x^2 = \lim_{x \to 0^\pm} 2x^2 \cdot \ln|x| = 0$$

Das Verhalten für $x \to +\infty$ und $x \to -\infty$ bzw. für $x \to 0^+$ und $x \to 0^-$ ist wegen der **Achsensymmetrie zur y-Achse** dasselbe.

siehe Merkspruch auf Seite 72

b   Definitionsbereich:

$$x^2 \neq 0 \quad\;\;\; \Rightarrow \quad x \neq 0$$
$$x + 4 > 0 \quad \Rightarrow \quad x > -4$$

Daraus ergibt sich:
$$\mathbb{D} = \left]-4; 0\right[\cup \left]0; +\infty\right[$$

Der Nenner darf nicht 0 werden und das Argument des ln muss positiv sein.

Verhalten an den Rändern:

$$\lim_{x \to -4^+} \frac{\ln(x+4)}{x^2} = \frac{\ln(0^+)}{16} = \frac{-\infty}{16} = -\infty$$

$$\lim_{x \to 0^-} \frac{\ln(x+4)}{x^2} = \frac{\ln 4}{(0^-)^2} = \frac{\ln 4}{0^+} = +\infty$$

$$\lim_{x \to 0^+} \frac{\ln(x+4)}{x^2} = \frac{\ln 4}{(0^+)^2} = \frac{\ln 4}{0^+} = +\infty$$

$$\lim_{x \to +\infty} \frac{\ln(x+4)}{x^2} = 0$$

siehe Merkspruch auf Seite 72

60

$$f(x) = \ln(x-3)$$

$$g(x) = \frac{1}{x-3}$$

$$h(x) = \frac{2x-3}{x^2-3x}$$

$$\ln|x^2-3x|+C$$

$$-x+(x-3)\cdot\ln(x-3)+C$$

$$\ln|x-3|+C$$

$$\begin{aligned}
F(x) &= -(x-3)+(x-3)\cdot\ln(x-3)+C' \\
&= -x+3+(x-3)\cdot\ln(x-3)+C' \\
&= -x+(x-3)\cdot\ln(x-3)+C
\end{aligned}$$

Anmerkung: $3+C'$ kann allgemein zu C zusammengefasst werden. Denn es handelt sich jeweils um beliebige Konstanten.

Bei der Funktion h(x) steht im Zähler die Ableitung des Nenners.

61

6 FS

a Funktion f:

$$x^2-3>0 \ \Rightarrow\ x^2>3 \ \Rightarrow\ x>\sqrt{3} \ \text{ oder } \ x<-\sqrt{3}$$

$$\mathbb{D}_f = \,]-\infty;\,-\sqrt{3}[\,\cup\,]\sqrt{3};\,+\infty[\, = \mathbb{R}\setminus[-\sqrt{3};\sqrt{3}\,]$$

Funktion g:

$$x-1>0 \ \Rightarrow\ x>1$$

$$\mathbb{D}_g = \,]1;\,+\infty[$$

b Funktion f:

$$x^2-3=1 \ \Rightarrow\ x^2=4 \ \Rightarrow\ x=\pm2$$

Funktion g:

$$x-1=1 \ \Rightarrow\ x=2$$

Die beiden Funktionen besitzen die gemeinsame Nullstelle $x=2$.

c Der Steigungswinkel in einem Punkt der Funktion ergibt sich über die Beziehung $f'(x)=\tan\alpha$. Daher werden zuerst die Steigungen von f(x) und g(x) in der gemeinsamen Nullstelle berechnet:

15 FS

$$f'(x)=\frac{1}{x^2-3}\cdot 2x=\frac{2x}{x^2-3} \ \Rightarrow\ f'(2)=\frac{2\cdot 2}{2^2-3}=4$$

$$g'(x)=\frac{1}{x-1} \qquad\qquad \Rightarrow\ g'(2)=\frac{1}{2-1}=1$$

Da beide Steigungen positiv sind, ergibt sich der Schnittwinkel als Differenz von α und β (siehe Skizze).

$$\tan\alpha=4 \ \Rightarrow\ \alpha\approx 76°$$

$$\tan\beta=1 \ \Rightarrow\ \beta=45°$$

$$\text{Schnittwinkel} = \alpha-\beta \approx 76°-45° = 31°$$

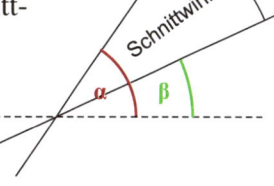

Überprüfe deine Ergebnisse!

62 **a** $\lim\limits_{x \to 0^+} (4x \ln x)^2 = 0^2 = 0$

$\lim\limits_{x \to +\infty} (4x \ln x)^2 = (\infty \cdot \infty)^2 = +\infty$

b $(4x \ln x)^2 = 0$

$4x \ln x = 0$

$\Rightarrow$ $4x = 0$ oder $\ln x = 0$

$x = 0 \notin \mathbb{D}$ $x = 1$

Die Funktion besitzt nur für $x = 1$ eine (doppelte) Nullstelle.

c Waagrechte Tangenten liegen in den Extremstellen der Funktion vor.

$f'(x) = 2 \cdot (4x \ln x) \cdot \left(4 \ln x + 4x \cdot \dfrac{1}{x}\right)$

$\quad\quad = 8x \ln x \cdot (4 \ln x + 4)$

Zuerst die äußere Ableitung, also das Quadrat, danach die innere Ableitung, hier über die Produktregel.

In den Extremstellen gilt $f'(x) = 0$:

$8x \ln x \cdot (4 \ln x + 4) = 0$

$\Rightarrow$ $8x = 0$ oder $\ln x = 0$ oder $4 \ln x + 4 = 0$

$\quad\quad x = 0 \notin \mathbb{D}$ $\quad\quad x = 1$ $\quad\quad\quad \ln x = -1$

$\quad\quad\quad\quad\quad\quad\quad\quad\quad\quad\quad\quad\quad\quad\quad\quad x = e^{-1}$

Die Funktion besitzt für $x = 1$ und $x = e^{-1}$ waagrechte Tangenten.

63 Berechnung der y-Koordinaten:

$f(1) = 1 - \ln 1 = 1 - 0 = 1$ $\Rightarrow$ P(1 | **1**)

$f(e) = e - \ln e = e - 1$ $\Rightarrow$ Q(e | **e − 1**)

Die Steigung der Tangenten ergibt sich über die 1. Ableitung:

$f'(x) = 1 - \dfrac{1}{x}$

$f'(1) = 1 - \dfrac{1}{1} = 0$

$f'(e) = 1 - \dfrac{1}{e} = \dfrac{e-1}{e}$

Tangente in P(1 | 1) mit $m = f'(1) = 0$:

$1 = 0 \cdot 1 + t$ $\Rightarrow$ $t = 1$

Tangentengleichung: $y = 1$

Tangente in Q(e | e − 1) mit $m = f'(e) = \dfrac{e-1}{e}$:

$e - 1 = \dfrac{e-1}{e} \cdot e + t$ $\Rightarrow$ $e - 1 = e - 1 + t$ $\Rightarrow$ $t = 0$

Tangentengleichung: $y = \dfrac{e-1}{e} \cdot x$

64 **a** $\lim\limits_{x \to 0^+} 10 \cdot \dfrac{0,5 - \ln x}{x} = 10 \cdot \lim\limits_{x \to 0^+} \dfrac{0,5 - \ln x}{x} = +\infty$

$\lim\limits_{x \to +\infty} 10 \cdot \dfrac{0,5 - \ln x}{x} = 10 \cdot \lim\limits_{x \to +\infty} \left(\underbrace{\dfrac{0,5}{x}}_{\to\, 0} - \underbrace{\dfrac{\ln x}{x}}_{\to\, 0} \right) = 0$

$\ln x$ strebt für $x \to 0^+$ gegen $-\infty$. Somit strebt der Zähler gegen $+\infty$. Da sich der Nenner zudem 0^+ nähert, strebt der Bruch gegen $+\infty$. Der 2. Grenzwert ergibt sich über den Merkspruch auf S. 72.

senkrechte Asymptote: $x = 0$
waagrechte Asymptote: $y = 0$

b $10 \cdot \dfrac{0,5 - \ln x}{x} = 0$

$0,5 - \ln x = 0$

$\ln x = 0,5$

$x = e^{0,5} \quad \Rightarrow \quad x = \sqrt{e} \approx 1,65$

14 FS **c** $f'(x) = 10 \cdot \dfrac{-\frac{1}{x} \cdot x - (0,5 - \ln x) \cdot 1}{x^2} = 10 \cdot \dfrac{-1 - 0,5 + \ln x}{x^2} = 10 \cdot \dfrac{-1,5 + \ln x}{x^2}$

$f'(x) = 0 \quad \Rightarrow \quad -1,5 + \ln x = 0$

$\ln x = 1,5$

$x = e^{1,5} \approx 4,48$

$f(e^{1,5}) = 10 \cdot \dfrac{0,5 - \ln e^{1,5}}{e^{1,5}} = 10 \cdot \dfrac{0,5 - 1,5}{e^{1,5}} = \dfrac{-10}{e^{1,5}} \approx -2,23$

Da der Nenner $x^2 > 0$ ist, hängt das Vorzeichen von $f'(x)$ vom Vorzeichen des Zählers ab.

$f'(x) < 0$ für $-1,5 + \ln x < 0 \quad \Rightarrow \quad \ln x < 1,5 \quad \Rightarrow \quad 0 < x < e^{1,5}$

$f'(x) > 0$ für $-1,5 + \ln x > 0 \quad \Rightarrow \quad \ln x > 1,5 \quad \Rightarrow \quad x > e^{1,5}$

$\Rightarrow$ $f(x)$ fällt in $]0;\, e^{1,5}[$ und steigt in $]e^{1,5};\, +\infty[$.

$f(x)$ besitzt einen Tiefpunkt in $\left(e^{1,5} \,\middle|\, \dfrac{-10}{e^{1,5}} \right)$.

d Durch die bisherigen Ergebnisse weiß man:

- Der Graph von $f(x)$ besitzt für $x \to 0^+$ die positive y-Achse als senkrechte Asymptote und schneidet die x-Achse in $x = \sqrt{e}$.

- Nach dem Tiefpunkt $\left(e^{1,5} \,\middle|\, \dfrac{-10}{e^{1,5}} \right)$, der sich (wie alle Tiefpunkte) in einer Linkskrümmung befindet, nähert sich der Graph der x-Achse (waagrechte Asymptote) für $x \to +\infty$ beliebig gut an.

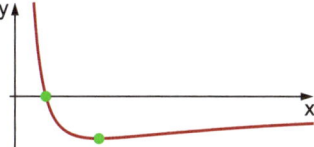

Die Skizze dient der Veranschaulichung und ist nicht verlangt!

Überprüfe deine Ergebnisse!

Das ist nur möglich, wenn für $x > e^{1,5}$ ein Wechsel in eine Rechtskrümmung vorhanden ist (anderenfalls würde die x-Achse nochmals geschnitten werden). Im Intervall $]e^{1,5}; +\infty[$ muss also ein Wendepunkt vorliegen.

65

a Die gesuchte Höhe ist die Länge der Strecke zwischen $(0|7)$ und dem Tiefpunkt $(0|t)$.

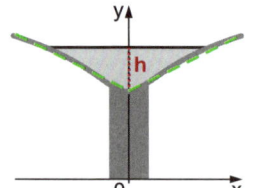

 FS

$$f'(x) = \frac{1}{x^2 + 2} \cdot 2x = \frac{2x}{x^2 + 2}$$

Da der Nenner $(x^2 + 2)$ von $f'(x)$ stets positiv ist, gilt:
$f'(x) < 0$ für $x < 0 \Rightarrow f(x)$ fällt für $x < 0$
$f'(x) > 0$ für $x > 0 \Rightarrow f(x)$ steigt für $x > 0$

Bei $x = 0$ handelt es sich tatsächlich um einen Tiefpunkt.
$f(0) = \ln 2 + 4 \approx 4,7$

Der Tiefpunkt hat die Koordinaten $(0|\ln 2 + 4)$ und die Höhe ergibt sich zu:
$h = [7 - (\ln 2 + 4)] \cdot 2,5 \text{ cm} \approx 5,8 \text{ cm}$

b Da die Tränke kreisrund ist, ist die Wasseroberfläche ein Kreis. Der Radius des Kreises entspricht der x-Koordinate des Schnittpunkts von $y = 7$ mit $f(x)$.

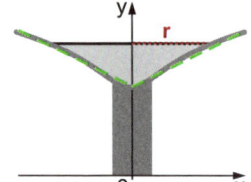

$\ln(x^2 + 2) + 4 = 7$
$\quad \ln(x^2 + 2) = 3$
$\quad\quad x^2 + 2 = e^3$
$\quad\quad\quad x^2 = e^3 - 2 \Rightarrow x = \pm\sqrt{e^3 - 2}$

Für den Radius kommt nur das positive Ergebnis infrage und die Wasseroberfläche ergibt sich zu:

 FS

$r^2 \cdot \pi = (e^3 - 2) \cdot \pi \approx 56,8$

In der Realität hat die Oberfläche eine Größe von ca. $56,8 \cdot (2,5 \text{ cm})^2 = 355 \text{ cm}^2$.

c Die Höhe des Kegels ist die Länge der Strecke zwischen $(0|7)$ und $(0|4,7)$. Der Radius des Kegels entspricht der x-Koordinate des Schnittpunkts von $y = 7$ mit $y = 0,5x + 4,7$.
$0,5x + 4,7 = 7$
$\quad 0,5x = 2,3$
$\quad\quad x = 4,6$

Mit dem Radius 4,6 und der Höhe $h = 7 - 4,7 = 2,3$ ergibt sich:

 FS

$V = \frac{1}{3}r^2\pi h = \frac{1}{3} \cdot 4,6^2 \cdot \pi \cdot 2,3 \approx 51$

Die Flüssigkeit besitzt ein Volumen von ca. $51 \cdot (2,5 \text{ cm})^3 \approx 800 \text{ cm}^3 = 0,8 \text{ } \ell$.

Klausur 6

1
(5) **a** $\ln x = 3\ln 2 - \frac{1}{2}\ln 4$

$\ln x = \ln 2^3 - \ln 4^{\frac{1}{2}}$

$\ln x = \ln 8 - \ln 2$

$\ln x = \ln \frac{8}{2}$

$\ln x = \ln 4$

$x = 4$

(3) **b** $\ln(x-2) - \ln(4-x) = 0$

$\ln(x-2) = \ln(4-x)$

$x - 2 = 4 - x$

$2x = 6$

$x = 3$

2 $f(x) = 7 \cdot \ln(-x+1) = 7\ln[-(x-1)]$

1. **um den Faktor 7 in y-Richtung gedehnt**   2. **an der y-Achse gespiegelt**   3. **um 1 nach rechts verschoben**

3
(4) **a** Da der Nenner (x^2+1) des Arguments stets positiv ist, ist die Funktion definiert, wenn auch der Zähler x positiv ist. Daher gilt $\mathbb{D} = \mathbb{R}^+$.

(6) **b** $\lim\limits_{x \to 0^+} \ln\frac{x}{x^2+1} = \ln 0^+ = -\infty$

$\lim\limits_{x \to +\infty} \ln\frac{x}{x^2+1} = \text{,,}\ln 0\text{“} = -\infty$ Grad Zähler $<$ Grad Nenner

(5) **c** $\frac{x}{x^2+1} = 1$

$x = x^2 + 1$

$\boxed{5}\,\text{FS} \quad x^2 - x + 1 = 0$

$\Rightarrow x_{1;2} = 0,5 \pm \sqrt{(-0,5)^2 - 1} = 0,5 \pm \sqrt{-0,75}$ ⚡   da negative Zahl unter der Wurzel

Somit besitzt f(x) keine Nullstelle.

(16) **d** Die Ableitung lässt sich leichter bilden, wenn der Funktionsterm umgeformt wird:

$f(x) = \ln\frac{x}{x^2+1} = \ln x - \ln(x^2+1)$

$\boxed{15}\,\text{FS} \quad f'(x) = \frac{1}{x} - \frac{1}{x^2+1} \cdot 2x = \frac{1 \cdot (x^2+1) - 2x \cdot x}{x(x^2+1)} = \frac{x^2+1-2x^2}{x(x^2+1)} = \frac{1-x^2}{x(x^2+1)}$

Überprüfe deine Ergebnisse!

Für $x \in \mathbb{D} = \mathbb{R}^+$ ist der Nenner der 1. Ableitung stets positiv. Für den Zähler gilt:

6 FS

$$1 - x^2 > 0 \;\Rightarrow\; x^2 < 1 \;\Rightarrow\; 0 < x < 1$$
$$1 - x^2 < 0 \;\Rightarrow\; x^2 > 1 \;\Rightarrow\; x > 1$$

Somit steigt f(x) in $]0;\,1[$ und fällt in $]1;+\infty[$. Es liegt ein Hochpunkt vor.

$$f(1) = \ln \frac{1}{1^2 + 1} = \ln \frac{1}{2}$$

Die Funktion besitzt einen Hochpunkt in $\left(1 \;\middle|\; \ln \frac{1}{2}\right)$.

Bemerkung: Die Bestimmung der Art des Extrempunkts kann natürlich auch über die 2. Ableitung erfolgen.

4

a
(2)
$$\frac{10 \cdot \ln x}{x^2} = 0 \;\Rightarrow\; \ln x = 0 \;\Rightarrow\; x = 1$$

14 FS

b
(7)
$$f'(x) = \frac{10 \cdot \frac{1}{x} \cdot x^2 - 10 \cdot \ln x \cdot 2x}{(x^2)^2} = \frac{10x - 20x \cdot \ln x}{x^4} = \frac{10x(1 - 2\ln x)}{x^4} = \frac{10(1 - 2\ln x)}{x^3}$$

$$f'(x) = 0 \;\Rightarrow\; 10(1 - 2\ln x) = 0$$
$$1 - 2\ln x = 0$$
$$2\ln x = 1$$
$$\ln x = \frac{1}{2}$$
$$x = e^{\frac{1}{2}} = \sqrt{e} \approx 1{,}65$$

$$f(\sqrt{e}) = \frac{10 \ln \sqrt{e}}{\sqrt{e}^2} = \frac{10 \cdot \frac{1}{2}}{e} = \frac{5}{e}$$

Überprüfung der Art des Extrempunkts mithilfe einer Monotoniebetrachtung:

$x \in$	$]0;\sqrt{e}\,[$	$]\sqrt{e}\,;\infty[$
f'(x)	> 0	< 0
f(x)	steigt	fällt

Die Funktion hat den Hochpunkt $\left(\sqrt{e} \;\middle|\; \frac{5}{e}\right)$.

17 FS

c
(7)
F(x) ist Stammfunktion von f(x), wenn F'(x)=f(x) gilt.

14 FS

$$F'(x) = -10 \cdot \left(-\frac{1}{x^2} + \frac{\frac{1}{x} \cdot x - \ln x \cdot 1}{x^2}\right) = -10 \cdot \left(\frac{-1 + 1 - \ln x}{x^2}\right) = -10 \cdot \left(\frac{-\ln x}{x^2}\right)$$

$$= \frac{10 \cdot \ln x}{x^2} = f(x)$$

Überprüfe deine Ergebnisse!

d Da die Nullstelle $x = 1$ ist, beginnt die Integration bei 1 und endet bei a.
(5)

16 FS

$$A(a) = \int_{1}^{a} f(x)\,dx = [F(x)]_{1}^{a} = F(a) - F(1)$$

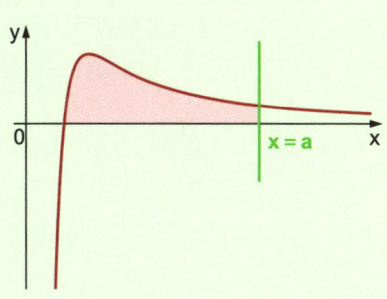

$$= -10\left(\frac{1}{a} + \frac{\ln a}{a}\right) - \left[-10\left(\frac{1}{1} + \frac{\ln 1}{1}\right)\right]$$

$$= -10\left(\frac{1}{a} + \frac{\ln a}{a}\right) - [-10 \cdot 1]$$

$$= -10\left(\frac{1}{a} + \frac{\ln a}{a}\right) + 10$$

e $\displaystyle \lim_{a \to +\infty} A(a) = \lim_{a \to +\infty}\left[-10\underbrace{\left(\frac{1}{a} + \frac{\ln a}{a}\right)}_{\to 0 \;\; \to 0} + 10\right] = 10$
(5)

Die sich ins Unendliche erstreckende Fläche besitzt einen endlichen Flächen-inhalt.

5

a $x^2 + 2x + 2$ stellt die Gleichung einer nach oben geöffneten Parabel dar. Damit
(8) die ln-Funktion auf ganz $\mathbb{R}$ definiert ist, muss diese Parabel gänzlich oberhalb der x-Achse verlaufen, d. h., es muss $x^2 + 2x + 2 > 0$ gelten. Die Parabel darf also keine Nullstellen haben.

5 FS

$x^2 + 2x + 2 = 0$

$\Rightarrow x_{1;2} = -1 \pm \sqrt{1^2 - 2} = 1 \pm \sqrt{-1}$ ⚡

Da $x^2 + 2x + 2 > 0$ für alle x gilt, gilt $\mathbb{D}_f = \mathbb{R}$.

b $f(-1-x) = 4 - \ln((-1-x)^2 + 2(-1-x) + 2)$
(6)

1 FS

$\qquad\qquad = 4 - \ln(1 + 2x + x^2 - 2 - 2x + 2)$

$\qquad\qquad = 4 - \ln(1 + x^2)$

$f(-1+x) = 4 - \ln((-1+x)^2 + 2(-1+x) + 2)$

$\qquad\qquad = 4 - \ln(1 - 2x + x^2 - 2 + 2x + 2)$

$\qquad\qquad = 4 - \ln(1 + x^2)$

Somit gilt $f(-1-x) = f(-1+x)$. Der Graph von f(x) ist also symmetrisch zur Senkrechten $x = -1$.

c Der Graph von g(x) ist eine Parabel. Eine Parabel ist stets achsensymmetrisch
(7) zur Senkrechten durch den Scheitel. Daher ist nun noch zu zeigen, dass g(x) den Scheitel in $x = -1$ hat. Dieser Nachweis kann z. B. über die 1. Ableitung erbracht werden, da der Scheitel der Hochpunkt der Funktion ist.

$$g'(x) = -2x - 2$$

$$g'(x) = 0 \implies -2x - 2 = 0 \implies x = -1$$

g(x) ist also ebenfalls symmetrisch zu x = −1.

d
(14)

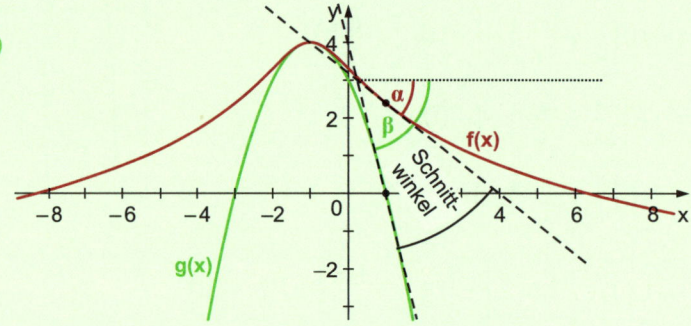

Der Steigungswinkel in einem Punkt der Funktion ergibt sich über die Beziehung $f'(x) = \tan\alpha$. Daher werden zuerst die Steigungen von f(x) und g(x) in x = 1 berechnet:

15 FS

$$f'(x) = -\frac{1}{x^2 + 2x + 2} \cdot (2x + 2) = -\frac{2x + 2}{x^2 + 2x + 2} \implies f'(1) = -\frac{2 \cdot 1 + 2}{1^2 + 2 \cdot 1 + 2} = -\frac{4}{5}$$

$$g'(x) = -2x - 2 \qquad\qquad\qquad \implies g'(1) = -2 \cdot 1 - 2 = -4$$

Da die beiden Steigungen negativ sind, ergeben sich für die beiden Winkel α und β (siehe Abbildung) negative Werte. Der gesuchte Schnittwinkel ist die Differenz aus den Beträgen von β und α.

$$\tan\alpha = -\frac{4}{5} \implies \alpha \approx -38,66°$$

$$\tan\beta = -4 \implies \beta \approx -75,96°$$

$$\text{Schnittwinkel} = |\beta| - |\alpha| \approx 75,96° - 38,66° = 37,3°$$

Die beiden Tangenten schneiden sich unter einem Winkel von 37,3°.

Funktionenmix

66

a $e^x - 2 = 0 \Rightarrow e^x = 2 \Rightarrow x = \ln 2$

Somit gilt: $\mathbb{D} = \mathbb{R} \setminus \{\ln 2\}$

$4e^x - 2 = 0$

$\quad 4e^x = 2$

$\quad\quad e^x = \dfrac{1}{2}$

$\quad\quad\quad x = \ln \dfrac{1}{2} = \ln 2^{-1} = -\ln 2$

Somit gilt: einzige Nullstelle $x = -\ln 2$

Die Funktion ist nicht definiert, wenn der Nenner null wird.

Der Funktionswert ist null, wenn der Zähler den Wert null hat.

b $\lim\limits_{x \to -\infty} \dfrac{4e^x - 2}{e^x - 2} = \dfrac{4 \cdot 0 - 2}{0 - 2} = 1$

$\lim\limits_{x \to +\infty} \dfrac{4e^x - 2}{e^x - 2} = \lim\limits_{x \to +\infty} \dfrac{4 - \frac{2}{e^x}}{1 - \frac{2}{e^x}} = \dfrac{4 - 0}{1 - 0} = 4$

Zähler und Nenner des Bruches werden mit e^x gekürzt.

$\lim\limits_{x \to \ln 2^-} \dfrac{4e^x - 2}{e^x - 2} = \dfrac{4 \cdot 2^- - 2}{2^- - 2} = \dfrac{6}{0^-} = -\infty$

$e^{\ln 2^-} = 2^-$

$\lim\limits_{x \to \ln 2^+} \dfrac{4e^x - 2}{e^x - 2} = \dfrac{4 \cdot 2^+ - 2}{2^+ - 2} = \dfrac{6}{0^+} = +\infty$

$e^{\ln 2^+} = 2^+$

waagrechte Asymptoten: $\quad y = 1$
$\quad\quad\quad\quad\quad\quad\quad\quad\quad\quad\ \ y = 4$

senkrechte Asymptote: $\quad x = \ln 2$

c Die Monotonie ergibt sich aus der 1. Ableitung.

14 FS

$f'(x) = \dfrac{4e^x \cdot (e^x - 2) - (4e^x - 2) \cdot e^x}{(e^x - 2)^2} = \dfrac{4e^{2x} - 8e^x - 4e^{2x} + 2e^x}{(e^x - 2)^2} = \underbrace{\dfrac{\overbrace{-6e^x}^{>0}}{\underbrace{(e^x - 2)^2}_{>0}}}_{} < 0$

Die Funktion ist also in $]-\infty; \ln 2[$ und in $]\ln 2; +\infty[$ streng monoton fallend.

d Der Wertebereich ergibt sich durch die Limeswerte (siehe Teilaufgabe b) und die Monotonie (siehe Teilaufgabe c): $W_f =]-\infty; 1[\cup]4; +\infty[= \mathbb{R} \setminus [1; 4]$

e Term der Umkehrfunktion:

$\quad\quad x = \dfrac{4e^y - 2}{e^y - 2}$

x und y in $y = g(x)$ vertauschen und dann nach y auflösen

$x(e^y - 2) = 4e^y - 2$

$xe^y - 2x = 4e^y - 2$

$xe^y - 4e^y = 2x - 2$

$$e^y(x-4) = 2x-2$$

$$e^y = \frac{2x-2}{x-4}$$

$$y = \ln\frac{2x-2}{x-4}$$

$$\Rightarrow \quad g^{-1}(x) = \ln\frac{2x-2}{x-4}$$

Der Definitionsbereich von g^{-1} ist der Wertebereich von g und umgekehrt:

$$\mathbb{D}_{g^{-1}} = \,]4; +\infty[$$

$$\mathbb{W}_{g^{-1}} = \,]\ln 2; +\infty[$$

f g(x) besitzt die senkrechte Asymptote $x = \ln 2$ und die waagrechte Asymptote $y = 4$ (siehe Teilaufgabe b).
Somit besitzt $g^{-1}(x)$ die waagrechte Asymptote $y = \ln 2$ und die senkrechte Asymptote $x = 4$.

g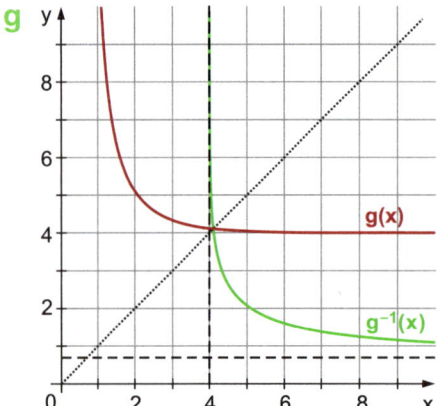

Der Graph von $g^{-1}(x)$ ergibt sich durch Spiegelung des Graphen von g(x) an der Winkelhalbierenden $y = x$.

67 **a** $2x-2 > 0 \;\Rightarrow\; 2x > 2 \;\Rightarrow\; x > 1$

$$\mathbb{D} = \,]1; +\infty[$$

Eine Einschränkung des Definitionsbereichs erfolgt durch den ln.

b $(2x-2)\cdot\ln(2x-2) = 0$

$$\Rightarrow \quad 2x-2 = 0 \qquad \text{oder} \qquad \ln(2x-2) = 0$$
$$ 2x = 2 \qquad\qquad\qquad 2x-2 = 1$$
$$ x = 1 \notin \mathbb{D} \qquad\qquad\quad 2x = 3$$
$$\phantom{\Rightarrow \quad x = 1 \notin \mathbb{D} \qquad\qquad} x = 1,5$$

c $\lim\limits_{x \to 1^+} [(2x-2)\cdot\ln(2x-2)] = 0^+ \cdot \ln 0^+ = 0$

$\lim\limits_{x \to +\infty} [(2x-2)\cdot\ln(2x-2)] = +\infty \cdot \ln(+\infty) = +\infty \cdot (+\infty) = +\infty$

Überprüfe deine Ergebnisse!

$\boxed{13}_{FS}$
$\boxed{15}_{FS}$

d $f'(x) = 2 \cdot \ln(2x-2) + (2x-2) \cdot \dfrac{1}{(2x-2)} \cdot 2 = 2 \cdot \ln(2x-2) + 2$

Berechnung der Lage des Extrempunkts:

$$f'(x) = 0 \quad \Rightarrow \quad 2 \cdot \ln(2x-2) + 2 = 0$$
$$\ln(2x-2) = -1$$
$$2x - 2 = e^{-1}$$
$$2x = e^{-1} + 2$$
$$x = \frac{1}{2e} + 1 \approx 1,18$$

$$f\left(\frac{1}{2e}+1\right) = \left(2 \cdot \left(\frac{1}{2e}+1\right) - 2\right) \cdot \ln\left(2 \cdot \left(\frac{1}{2e}+1\right) - 2\right) = \frac{1}{e} \cdot \ln\left(\frac{1}{e}\right)$$

$$= \frac{1}{e} \cdot \ln(e^{-1}) = \frac{1}{e} \cdot (-1) = -\frac{1}{e}$$

Bestimmung der Art mithilfe der 2. Ableitung:

$$f''(x) = 2 \cdot \frac{1}{2x-2} \cdot 2 = 2 \cdot \frac{1}{2(x-1)} \cdot 2 = \frac{2}{x-1}$$

$$f''\left(\frac{1}{2e}+1\right) = \frac{2}{\frac{1}{2e}+1-1} = \frac{2}{\frac{1}{2e}} = 4e > 0 \quad \Rightarrow \quad \text{Tiefpunkt}$$

Bestimmung der Art mithilfe der Monotonie:

$x \in$	$\left]1; \frac{1}{2e}+1\right[$	$\left]\frac{1}{2e}+1; +\infty\right[$
$f'(x)$	< 0	> 0
$f(x)$	fällt	steigt

Die Funktion besitzt in $\left(\frac{1}{2e}+1 \;\middle|\; -\frac{1}{e}\right)$ einen Tiefpunkt.

e $\lim\limits_{x \to 1^+} f'(x) = \lim\limits_{x \to 1^+} [2 \cdot \ln(2x-2) + 2] = 2 \cdot \ln(0^+) + 2 = 2 \cdot (-\infty) + 2 = -\infty$

Die Funktion nähert sich für $x \to 1^+$ dem Punkt $(1\,|\,0)$ und besitzt bei der Annäherung eine nahezu senkrechte Tangente.

f

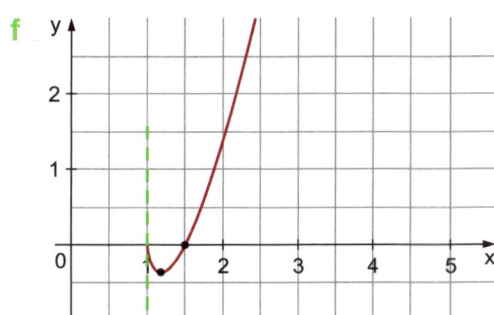

Lösungen

68 **a** Eine Funktion ist achsensymmetrisch zur y-Achse, wenn $f(-x) = f(x)$.

$$f(-x) = 2(-x)^2 \cdot \cos(2(-x)) = 2x^2 \cdot \cos(-2x) = 2x^2 \cdot \cos(2x) = f(x)$$

Hinweis: $\cos(ax)$ mit $a \in \mathbb{R}$ ist achsensymmetrisch zur y-Achse, deshalb gilt $\cos(-2x) = \cos(2x)$.

b $2x^2 \cdot \cos(2x) = 0$

$\Rightarrow$ $2x^2 = 0$ oder $\cos(2x) = 0$

$\qquad x^2 = 0 \qquad\qquad\quad 2x = \pm\dfrac{\pi}{2}$ oder $2x = \pm\dfrac{3\pi}{2}$

$\qquad\quad x = 0 \qquad\qquad\qquad x = \pm\dfrac{\pi}{4} \qquad\qquad x = \pm\dfrac{3\pi}{4}$

c Berechnung des y-Werts des Kurvenpunkts:

$$f\left(-\tfrac{1}{2}\pi\right) = 2\left(-\tfrac{1}{2}\pi\right)^2 \cdot \cos\left(2\cdot\left(-\tfrac{1}{2}\pi\right)\right) = 2\cdot\tfrac{1}{4}\pi^2 \cdot \cos(-\pi) = \tfrac{1}{2}\pi^2 \cdot (-1) = -\tfrac{1}{2}\pi^2$$

Die Tangente hat als Gerade die Gleichung $y = mx + t$, wobei m die Steigung von f(x) im Punkt $P\left(-\tfrac{1}{2}\pi \,\middle|\, -\tfrac{1}{2}\pi^2\right)$ ist und die Tangente durch P verläuft.

Berechnung der Steigung m:

$$f'(x) = 4x \cdot \cos(2x) + 2x^2 \cdot[-\sin(2x)\cdot 2] = 4x \cdot \cos(2x) - 4x^2 \cdot \sin(2x)$$

$$m = f'\left(-\tfrac{1}{2}\pi\right) = 4\left(-\tfrac{1}{2}\pi\right)\cdot\cos\left(2\left(-\tfrac{1}{2}\pi\right)\right) - 4\left(-\tfrac{1}{2}\pi\right)^2\cdot\sin\left(2\left(-\tfrac{1}{2}\pi\right)\right)$$

$$= -2\pi\cdot\cos(-\pi) - \pi^2\cdot\sin(-\pi) = -2\pi\cdot(-1) - \pi^2\cdot 0 = 2\pi$$

Einsetzen von m und P in die Geradengleichung liefert:

$$-\tfrac{1}{2}\pi^2 = 2\pi\cdot\left(-\tfrac{1}{2}\pi\right) + t$$

$$-\tfrac{1}{2}\pi^2 = -\pi^2 + t$$

$$\tfrac{1}{2}\pi^2 = t$$

Die Gleichung der Tangente lautet somit:

$$y = 2\pi\cdot x + \tfrac{1}{2}\pi^2$$

d F(x) ist dann Stammfunktion von f(x), wenn $F'(x) = f(x)$ gilt.

$$F'(x) = 1\cdot\cos(2x) + x\cdot[\sim\sin(2x)\cdot 2] + 2x\cdot\sin(2x) + \left(x^2 - \tfrac{1}{2}\right)\cdot\cos(2x)\cdot 2$$

$$= \cos(2x) - 2x\cdot\sin(2x) + 2x\cdot\sin(2x) + 2x^2\cdot\cos(2x) - \cos(2x)$$

$$= 2x^2\cdot\cos(2x)$$

$$= f(x)$$

Überprüfe deine Ergebnisse!

e Die beiden positiven Nullstellen sind $\frac{\pi}{4}$ (untere Integrationsgrenze) und $\frac{3\pi}{4}$ (obere Integrationsgrenze).

Zu beachten ist, dass sich die Fläche unterhalb der x-Achse befindet (siehe Abbildung), weshalb der Betrag gesetzt werden muss.

$$A = \left| \int_{\frac{\pi}{4}}^{\frac{3\pi}{4}} f(x)\,dx \right|$$

$$= \left| \left[x\cos(2x) + \left(x^2 - \frac{1}{2}\right)\sin(2x) \right]_{\frac{\pi}{4}}^{\frac{3\pi}{4}} \right|$$

16 FS

$$= \left| \left[\frac{3\pi}{4}\cdot\cos\left(2\cdot\frac{3\pi}{4}\right) + \left(\left(\frac{3\pi}{4}\right)^2 - \frac{1}{2}\right)\cdot\sin\left(2\cdot\frac{3\pi}{4}\right) \right] \right.$$

$$\left. - \left[\frac{\pi}{4}\cdot\cos\left(2\cdot\frac{\pi}{4}\right) + \left(\left(\frac{\pi}{4}\right)^2 - \frac{1}{2}\right)\cdot\sin\left(2\cdot\frac{\pi}{4}\right) \right] \right|$$

$$= \left| \left[\frac{3\pi}{4}\cdot 0 + \left(\frac{9\pi^2}{16} - \frac{1}{2}\right)\cdot(-1) \right] - \left[\frac{\pi}{4}\cdot 0 + \left(\frac{\pi^2}{16} - \frac{1}{2}\right)\cdot 1 \right] \right|$$

$$= \left| -\frac{9\pi^2}{16} + \frac{1}{2} - \frac{\pi^2}{16} + \frac{1}{2} \right|$$

$$= \left| -\frac{5\pi^2}{8} + 1 \right|$$

$$= \frac{5\pi^2}{8} - 1 \approx 5{,}17$$

69

a Symmetrie zum Koordinatensystem erkennt man, indem man f(–x) bildet und mit f(x) vergleicht.

$$f(-x) = \sqrt{1 + 8e^{-(-x)^2}} = \sqrt{1 + 8e^{-x^2}} = f(x)$$

Die Funktion ist achsensymmetrisch zur y-Achse.

b $\lim\limits_{x \to \pm\infty} \sqrt{1 + 8e^{-x^2}} = \sqrt{1 + 8e^{-\infty}} = \sqrt{1 + 8\cdot 0} = 1$

Aufgrund der Achsensymmetrie zur y-Achse ist das Verhalten für +∞ und –∞ gleich.

Die Funktion hat die waagrechte Asymptote y = 1.

c Die Monotonie ergibt sich aus der 1. Ableitung.

15 FS

$$f'(x) = \frac{1}{2\sqrt{1 + 8e^{-x^2}}}\cdot 8e^{-x^2}\cdot(-2x) = \frac{\overbrace{-16x\cdot e^{-x^2}}^{>0}}{\underbrace{2\sqrt{1 + 8e^{-x^2}}}_{>0}}$$

Überprüfe deine Ergebnisse!

Das Vorzeichen der 1. Ableitung hängt von −16x ab.

f'(x) > 0   für   x < 0

f'(x) < 0   für   x > 0

Die Funktion steigt für x < 0 und fällt für x > 0. Es liegt für x = 0 ein Hochpunkt vor.

$$f(0) = \sqrt{1 + 8e^{-0^2}} = \sqrt{1 + 8 \cdot 1} = \sqrt{9} = 3$$

Die Funktion hat den Hochpunkt (0|3).

d   Aus Teilaufgabe b (Asymptote) und Teilaufgabe c (Hochpunkt) ergibt sich:
    $\mathbb{W} = \,]1;\, 3]$

e   Da jede Integralfunktion auch Stammfunktion ist, gilt
    I'(x) = f(x)

    I"(x) = f'(x)

    Aussage 1: Die Monotonie ergibt sich aus der 1. Ableitung I'(x) = f(x).
    Nach Teilaufgabe d gilt für alle x ∈ ℝ: 1 < f(x) ≤ 3, also f(x) > 0.
    Aus I'(x) = f(x) > 0 ergibt sich, dass I(x) streng monoton steigend in ℝ ist.

    Aussage 2: Jede Integralfunktion besitzt eine Nullstelle an der unteren Grenze.
    Daher gilt I(0) = 0. Da I(x) in ℝ streng monoton steigt, kann keine weitere Nullstelle auftreten.

    Aussage 3: f(x) besitzt genau einen Extrempunkt (siehe Teilaufgabe c). Die Gleichung f'(x) = 0 wird durch genau ein x (x = 0) erfüllt. Zudem wechselt f(x) für x = 0 sein Monotonieverhalten. Aus I"(x) = f'(x) ergibt sich somit, dass auch I"(x) = 0 nur genau eine Lösung besitzt (x = 0) und I(x) für x = 0 sein Krümmungsverhalten wechselt. Daher besitzt I(x) genau einen Wendepunkt (für x = 0).

    Aussage 4: f(x) ist achsensymmetrisch zur y-Achse (siehe Teilaufgabe a).
    Somit schließt der Graph von f(x) rechts und links der y-Achse symmetrische Flächen ein. Da einmal in negative und einmal in positive Richtung integriert wird, ergibt sich:

    $$\int_0^{-a} f(x)\,dx = -\int_0^{a} f(x)\,dx \quad \text{bzw.} \quad I(-a) = -I(a)$$

    I(x) ist somit punktsymmetrisch zum Ursprung.

Kleine Formelsammlung

Folgende Rechenregeln und Formeln können Sie beim Bearbeiten der Aufgaben zu Hilfe nehmen:

1   Binomische Formeln

(i) $(a+b)^2 = a^2 + 2ab + b^2$

(ii) $(a-b)^2 = a^2 - 2ab + b^2$

(iii) $a^2 - b^2 = (a+b)(a-b)$

2   Negativer Exponent

$a^{-n} = \dfrac{1}{a^n}$

3   Bruchzahlexponent

(i) $a^{\frac{1}{n}} = \sqrt[n]{a}$

(ii) $\sqrt[n]{a} \cdot \sqrt[n]{b} = \sqrt[n]{a \cdot b}$

(iii) $\dfrac{\sqrt[n]{a}}{\sqrt[n]{b}} = \sqrt[n]{\dfrac{a}{b}}$

4   Quadratische Gleichung

$ax^2 + bx + c = 0 \;\Rightarrow\; x_{1,2} = \dfrac{-b \pm \sqrt{b^2 - 4ac}}{2a}$

5   Quadratische Gleichung

$x^2 + px + q = 0 \;\Rightarrow\; x_{1,2} = -\dfrac{p}{2} \pm \sqrt{\left(\dfrac{p}{2}\right)^2 - q}$

6   Quadratische Ungleichung

(i) $x^2 > a \;\Rightarrow\; x > +\sqrt{a}$ oder $x < -\sqrt{a}$ mit $a \geq 0$

(ii) $x^2 < a \;\Rightarrow\; -\sqrt{a} < x < +\sqrt{a}$ mit $a \geq 0$

7   Kreis / Kegel

(i)   Kreisumfang $= 2r\pi$

(ii) Kreisfläche $= r^2\pi$

(iii) Kegelvolumen $= \dfrac{1}{3}r^2\pi h$

8 Senkrechte Geraden

$$m_1 = -\frac{1}{m_2} \qquad (m_1 \text{ und } m_2 \text{ sind die Geradensteigungen})$$

9 Winkel zwischen Gerade und x-Achse

$$\tan\varepsilon = m \qquad (m \text{ ist die Geradensteigung})$$

10 Limeswerte

(i) $\quad \lim\limits_{x \to -\infty} \dfrac{a}{x} = 0^- \quad$ und $\quad \lim\limits_{x \to +\infty} \dfrac{a}{x} = 0^+ \quad$ für $a \in \mathbb{R}^+$

(ii) $\quad \lim\limits_{x \to 0^-} \dfrac{a}{x} = -\infty \quad$ und $\quad \lim\limits_{x \to 0^+} \dfrac{a}{x} = +\infty \quad$ für $a \in \mathbb{R}^+$

11 Ableitungsregel – Summenregel

$$[u(x) + v(x)]' = u'(x) + v'(x)$$

12 Ableitungsregel – Faktorregel

$$[a \cdot u(x)]' = a \cdot u'(x)$$

13 Ableitungsregel – Produktregel

$$[u(x) \cdot v(x)]' = u'(x) \cdot v(x) + u(x) \cdot v'(x)$$

14 Ableitungsregel – Quotientenregel

$$\left[\frac{u(x)}{v(x)}\right]' = \frac{u'(x) \cdot v(x) - u(x) \cdot v'(x)}{[v(x)]^2}$$

15 Ableitungsregel – Kettenregel bzw. Nachdifferenzieren

$$\left[u(v(x))\right]' = u'(v(x)) \cdot v'(x)$$

16 Bestimmtes Integral

$$\int_a^b f(x)\,dx = F(b) - F(a)$$

$F(x)$ ist Stammfunktion von $f(x)$

17 Hauptsatz der Differenzial- und Integralrechnung (HDI)

$$I(x) = \int_a^x f(t)\,dt \quad \Rightarrow \quad I'(x) = f(x)$$

$F(x)$ ist Stammfunktion von $f(x) \quad \Rightarrow \quad F'(x) = f(x)$